रामराज्य की कथा

शोषक श्रेणी के प्रपञ्च

रामराज्य की कथा

शोषक श्रेणी के प्रपञ्च

यशपाल

लोकभारती प्रकाशन

पहली मंजिल, दरबारी बिल्डिंग, महात्मा गाँधी मार्ग, इलाहाबाद-1

लोकभारती प्रकाशन
पहली मंजिल, दरबारी बिल्डिंग, महात्मा गाँधी मार्ग
इलाहाबाद-211 001

वेबसाइट : www.lokbhartiprakashan.com
ईमेल : info@lokbhartiprakashan.com

शाखाएँ : 1-बी, नेताजी सुभाष मार्ग, दरियागंज
नयी दिल्ली-110 002
अशोक राजपथ, साइंस कॉलेज के सामने
पटना-800 006 (बिहार)
36-ए, शेक्सपियर सरणी
कोलकाता-700 017

मूल्य : ₹ 95

प्रथम पेपरबैक संस्करण : 2015

इण्डियन प्रेस प्रा. लि.
इलाहाबाद द्वारा मुद्रित

Ramrajya Ki Katha
by Yashpal

ISBN : 978-93-5221-033-6

समर्पण

गाँधीवादी रामराज्य की
शम्बूक प्रजा को

–यशपाल

अनुक्रम

●

भूमिका

इस देश की जनता ने ब्रिटिश साम्राज्यशाही के शोषण और दासता से मुक्ति के लिए बहुत लम्बे समय तक संघर्ष किया है। भारत की जनता के इस संघर्ष का नेतृत्व भारतीय मुख्यतः राष्ट्रीय कांग्रेस के हाथ में था। भारतीय राष्ट्रीय कांग्रेस का नेतृत्व प्रकट तौर पर गाँधी जी के हाथ में था इसलिए कांग्रेस की नीति गाँधीवाद के सत्य-अहिंसा के सिद्धान्तों के अनुकूल रही है। आज भारत में कांग्रेसी राज कायम है। भारतीय जनता के संघर्ष का उद्‌देश्य कांग्रेसी राज बना देने के लिए गाँधी जी ने उसे 'रामराज्य' का नाम दे दिया था। कांग्रेस के राज्य को रामराज्य का नाम देने का प्रयोजन था—भगवान् राम को सत्य, न्याय और अहिंसा की मर्यादा माननेवाली भारत की श्रद्धालु प्रजा को अपने नेतृत्व में समेट सकना और उनका अन्धविश्वास प्राप्त कर सकना। आज भारत की जनता इस रामराज्य के फल और परिणाम को अपनी भूख, कंगाली और राजनैतिक दमन के रूप में देख रही है। देश की जनता अनुभव कर रही है कि वह ठगी गयी है। कांग्रेसी राज अपनी शासन नीति को गाँधीवाद की नीति बताकर इसे 'गाँधी जी की जय' के बल से जनता के मन और मस्तिष्क पर बाँध देने का यत्न कर रहा है।

कांग्रेस के अलावा अनेक दूसरे राजनैतिक दलों ने भी भारत की राष्ट्रीय स्वतन्त्रता के लिए प्रयत्न किये हैं। इन दलों के प्रयत्न कांग्रेस के आन्दोलनों की तरह वैधानिक माँगों के लिए ही नहीं बल्कि ब्रिटिश शासन के विरुद्ध सभी सम्भव उपायों से विद्रोह के रूप में थे। उनके अस्तित्व को सहन करना ब्रिटिश साम्राज्यशाही के लिए सम्भव नहीं था। ब्रिटिश साम्राज्यशाही कांग्रेस को अपना प्रतिद्वन्द्वी मानकर भी इसे भारतीय जनता के प्रतिनिधि के रूप में स्वीकार करती रही। इसका एक कारण तो यह था कि देश की जनता का बहुत बड़ा भाग कांग्रेस के पीछे था। ब्रिटिश सरकार द्वारा कांग्रेस को मान्यता देने का दूसरा कारण कांग्रेस की अपने संघर्ष को वैधानिक उपायों द्वारा, अंग्रेजों द्वारा बनाये विधान की रक्षा करते हुए चलाने की प्रतिज्ञा थी। गाँधी जी ने अपनी नीति को अहिंसात्मक नीति का नाम देकर, उस पर आध्यात्मिकता का रंग चढ़ाकर उसे सांसारिकता और राजनीति से ऊपर उठाने और मनुष्यमात्र की चेष्टा की थी। उनकी इस अहिंसा का तथ्य ब्रिटिश शासन की मिली-जुली सामन्तवादी और पूँजीवादी राजनैतिक और आर्थिक प्रणाली के मूल तत्त्व पर आँच न आने देना ही था। इसका स्पष्ट अर्थ था कि देश में ब्रिटिश साम्राज्यशाही द्वारा जारी किये गये विधान और

व्यवस्था से कांग्रेस के ध्येय और विचारधारा का विरोध नहीं था। जहाँ तक ब्रिटेन द्वारा इस देश में जारी की गयी शोषण की पूँजीशाही व्यवस्था का प्रश्न था, गाँधी जी और कांग्रेस उस व्यवस्था के विद्रोहियों और जनता के विद्रोह से उस व्यवस्था की रक्षा करते रहे। कांग्रेस का उद्देश्य ब्रिटिश साम्राज्यशाही द्वारा स्थापित किये गये विधान और व्यवस्था की रक्षा करते हुए शासन की शक्ति अपने हाथ में ले लेना था। इस परिवर्तन का एकमात्र अर्थ यही हो सकता था कि इस देश में कायम इस देश की जनता का शोषण और दमन करनेवाली व्यवस्था या विधान जैसे-के-तैसे बने रहें। उस विधान और व्यवस्था का नियन्त्रण और संचालन करनेवाले व्यक्ति बदल जायँ। कांग्रेस और गाँधी जी अपने इसी उद्देश्य को रामराज्य का नाम देकर, इस देश की जनता को रामराज्य से सुख समृद्धि की आशा दिलाकर, इसके लिए अपना सर्वस्व बलिदान कर देने के लिए जनता को पुकार रहे थे।

15 अगस्त, 1947 के दिन इस परिवर्तन की वैधानिक रूप से घोषणा कर दी गयी। कांग्रेस के नेतृत्व और संरक्षण में देश में रामराज्य की स्थापना हो गयी। इस रामराज्य की स्थापना से कांग्रेस का उद्देश्य—ब्रिटिश साम्राज्यशाही द्वारा इस देश में स्थापित पूँजीशाही विधान और व्यवस्था की रक्षा करते हुए शासन के विधान और व्यवस्था के नियन्त्रण और संचालन का अधिकार इस देश की पूँजीपति श्रेणी के ऊपरी भाग के हाथ में दे देना—पूरा हो गया परन्तु जनता जिस उद्देश्य से मुक्ति के लिए संघर्ष कर रही थी, वह पूरा नहीं हुआ।

इस देश की जनता रामराज्य की स्थापना के पश्चात् से दिन-प्रतिदिन अपनी गिरती जाती अवस्था, नित्य बढ़ती जाती भूख, कंगाली, बेरोजगारी, राजनैतिक दमन और नागरिक स्वतन्त्रता के अपहरण से यह बात अनुभव कर रही है। कांग्रेस और गाँधीवाद ने रामराज्य के जिस आदर्श को अपने सामने रखकर, उसे सत्य, अहिंसा और वैधानिकता का नाम देकर जिस नीति को अपनाया था और जिस रूप में कांग्रेस उस पर चल रही है, उसका परिणाम इस देश की शासन की बागडोर पर पूँजीपति श्रेणी के हाथ मजबूत कर देने के सिवा और कुछ हो भी नहीं सकता था।

रामराज्य की स्थापना हो जाने के पश्चात् देश की जनता रामराज्य की समता, न्याय और अहिंसा का रूप अपने नित्य के जीवन में देख रही है। जनता को यह निराशा क्यों हुई? इसके कारण और बीज कांग्रेस की नीति और कार्यक्रम में सदा से ही मौजूद थे। गाँधी जी और कांग्रेस की 'महान् सफलता' यह थी कि इस देश की जनता को शोषित और दास बनाये रखनेवाली नीति और कार्यक्रम को जनता की मुक्ति के संघर्ष का नाम दे सके और इसके लिए जनता का सहयोग भी पा सके।

ब्रिटिश शासन और उसकी सामन्तशाही और पूँजीशाही शोषक व्यवस्था से मुक्ति के संघर्ष का स्वाभाविक मार्ग क्रान्ति द्वारा उस व्यवस्था को तोड़ देना ही था। कांग्रेस

ने जनता के संघर्ष को क्रान्ति का रूप न लेने देकर अहिंसा और सत्याग्रह के वैधानिक आन्दोलन का रूप दे दिया। इस सत्याग्रह और अहिंसा का प्रयोजन ब्रिटिश साम्राज्यशाही की शोषक व्यवस्था को शोषित जनता के विरोध और आक्रमण से बचाना था और जनता के विरोध को सदा वैधानिकता की शर्त से जकड़े रहना था। 1921 का आन्दोलन, चौरी-चौरा काण्ड के कारण स्थगित करना, पेशावर विद्रोह के समय विद्रोही सैनिकों को हतोत्साह करना और जनता के व्यापक सत्याग्रह को व्यक्तिगत सत्याग्रह बना देना, जनता के प्रति विश्वासघात के बहुत स्पष्ट उदाहरण हैं। ऐसे प्रत्येक अवसर पर, जब कि देश की जनता क्रान्ति के लिए तैयार हुई और ब्रिटिश साम्राज्यशाही व्यवस्था के पाँव डगमगाने लगे, गाँधी जी ने कांग्रेस के संगठन द्वारा अहिंसा के नाम पर उस शोषक व्यवस्था की रक्षा का ऐसा प्रयत्न किया जो स्वयं ब्रिटिश शासन के लिए भी सम्भव न था। जिस समय तक अन्तरराष्ट्रीय परिस्थिति के कारण इस देश में ब्रिटिश शासन बना रहना सम्भव रहा, कांग्रेस की गाँधीवादी अहिंसा (पूँजीवादी व्यवस्था की रक्षा की नीति) ही ब्रिटिश साम्राज्य की मुख्य रक्षक बनी रही।

गाँधीवादी अहिंसा में कांग्रेस को पूँजीवादी नेताशाही की कितनी आस्था थी, यह गाँधी जी की मृत्यु के दिन ही स्पष्ट हो गया। अहिंसा को मनुष्यमात्र के जीवन का परम लक्ष्य बतानेवाले उस 'महापुरुष' के शव को तोपगाड़ी पर सजाकर उसकी शवयात्रा करके, कांग्रेस की नेताशाही ने यह स्पष्ट कर दिया कि गाँधीवाद के उद्देश्यों (पूँजीपति श्रेणी के हितों की रक्षा) को पूरा करने और रामराज्य की व्यवस्था को लागू करने के लिए वे तोप की शक्ति में ही विश्वास रखते हैं। कांग्रेस सरकार ने यह स्पष्ट कर दिया कि सत्य, प्रेम और अहिंसा के साधन उनके लिए उसी समय तक उपयोगी थे, जब तक वे अपनी श्रेणी (ब्रिटिश साम्राज्यशाही) से घरेलू लड़ाई लड़ रहे थे। अपनी श्रेणी के हित पर आँच आते देख वे दमन के उन सभी उपायों का प्रयोग कर रहे हैं जिनका कि संसार की क्रूर तानाशाही सरकारें कर सकती हैं। कांग्रेस सरकार अपनी इस नीति को आज भी गाँधीवाद और रामराज्य का नाम दे रही है।

ब्रिटिश साम्राज्यशाही से शासन का अधिकार लेकर स्वराज्य और रामराज्य स्थापित करने के लिए जनता का आह्वान करते समय कांग्रेस ने प्रजा के राज, जमींदारी उन्मूलन और राष्ट्रीयकरण के जितने वायदे किये थे, वे इस रामराज्य में झूठ साबित हो चुके हैं। उन वायदों के स्थान पर अब नये वायदे किये जा रहे हैं। इन वायदों पर भरोसा करने की अपेक्षा स्वतन्त्रता के संघर्ष में कांग्रेस के गाँधीवादी कार्यक्रम और वर्तमान समय में कांग्रेस सरकार की नीति का विश्लेषण ही अधिक उपयोगी हो सकते हैं।

आज भी कांग्रेस सरकार अपने जनहित के कार्यक्रमों और अपने जनतन्त्रात्मक रूप की डोंडी पीटने से थकती नहीं दिखायी देती बल्कि यही तो उसकी एकमात्र सम्पत्ति

है। इस सरकार के जनहित और जनतन्त्र में उतना ही सत्य है जितना कि इस सरकार द्वारा अपने सभी दफ्तरों, अदालतों और जेलों में 'अहिंसा के अवतार' गाँधी जी के चित्र लटकाकर इन चित्रों के ही नीचे निरंकुश और निस्संकोच रूप से धाँधली और दमन करने में। कांग्रेस सरकार के रामराज्य के न्याय की धारणा का मूल साधनों की मालिक श्रेणी के अधिकार की रक्षा में है। औद्योगिक विकास की परम्परा में उत्पन्न हो जानेवाली कठिनाइयों और अन्तर्विरोधों को न्याय की यह धारणा दूर नहीं कर सकती।

शोषण से जनता की मुक्ति के प्रयत्नों का समाधान आज के इतिहास में सोवियत रूस और दूसरे समाजवादी देशों की नयी सामाजिक और आर्थिक व्यवस्था पेश कर रही है परन्तु कांग्रेसी सरकार इस बात के लिए प्रतिज्ञाबद्ध है कि वह इस देश की जनता को सोवियत रूस और दूसरे समाजवादी देशों के रास्ते पर नहीं जाने देगी। कांग्रेसी सरकार इस देश की जनता का कल्याण पूँजीपति श्रेणी की संरक्षता में ही करने की प्रतिज्ञा किये बैठी है। गाँधी जी द्वारा स्वीकृत इस देश की पूँजीपति श्रेणी के प्रजा की संरक्षक होने के अधिकार की रक्षा के लिए, गाँधीवादी कांग्रेसी सरकार नित्य नये उपायों की खोज में रहती है। सोवियत और समाजवादी देशों के उदाहरण से यह बात मध्याह्न सूर्य के प्रकाश की तरह स्पष्ट हो चुकी है कि किसी भी देश का दारिद्र्य दूर करने, देश के साधनों का शीघ्रतम विकास करने के लिए व्यक्तिगत साधन और प्रयत्नों की अपेक्षा समाज के स्वामित्व में सामूहिक प्रयत्न बहुत अधिक सफल हो सकते हैं। कांग्रेस सरकार के लिए इस सत्य से अधिक मूल्य साधनों के व्यक्तिगत अधिकार की प्रणाली की रक्षा का है। इसलिए अधिक उत्पादन के लिए राष्ट्रीयकरण की नीति की उपेक्षा न कर सकने पर भी वह पूँजीपति श्रेणी के मुनाफा कमा सकने के अधिकार की रक्षा प्राणपण से कर रही है।

राष्ट्रीयकरण की नीति के प्रति इस सरकार की यही आस्था है कि इस नीति को सफल बनाने का भार वह उन लोगों के कन्धों पर दे रही है जिन्हें राष्ट्रीयकरण की नीति में स्वयं विश्वास नहीं। सम्भवतः कांग्रेसी सरकार गाँधीवाद को सत्य प्रमाणित करने के लिए संसार को यह दिखाना चाहती है कि रामराज्य की व्यक्तिगत स्वामित्व की और स्वामी वर्ग द्वारा दास वर्ग पर दया कर उसका पालन करने की नीति, समाजवाद की अपेक्षा अधिक सत्य है। कांग्रेसी सरकार यदि राष्ट्रीयकरण की नीति की असफलता का उदाहरण संसार के सामने पेश करेगी तो यह उनकी अपनी ईमानदारी और योग्यता की ही कसौटी मानी जायेगी।

प्रथम संस्करण : 1951

—यशपाल

रामराज्य की कथा

गाँधीवाद का प्रभाव और परिणाम

भारत की राष्ट्रीय सरकार के नेताओं का दावा है कि उन्होंने गाँधीवादी नीति के आधार पर देश को 'अहिंसात्मक क्रान्ति' द्वारा विदेशी शासन से स्वतन्त्र कर लिया है और भविष्य में भी वे गाँधीवादी नीति द्वारा ही देश की आर्थिक और राजनैतिक समस्याओं को हल करके देश की प्रजा को सुखी और समृद्ध बना देंगे।

आज भारत की प्रजा के सामने प्रश्न है :—कि भारतीय राष्ट्रीय कांग्रेस ने गाँधीवाद के सत्य और अहिंसा की नीति पर चलकर इस देश के लिए जो स्वतन्त्रता प्राप्त की है उसे देश की जनता ने किस रूप में अनुभव किया है, जनता ने अपने जीवन में क्या सुविधाएँ और अधिकार पाये हैं और देश की प्रजा भविष्य में अपने लिये विकास और समृद्धि के कैसे अवसर की आशा कर सकती है?

गाँधीवाद के सिद्धान्तों और उसके राजनैतिक परिणाम पर विचार करने के लिए सबसे पहले गाँधीवादी नेताओं के इस दावे की सच्चाई पर विचार करना आवश्यक है कि गाँधीवाद ने संसार में एक अभूतपूर्व चमत्कार करके भारत को 'अहिंसात्मक क्रान्ति' द्वारा विदेशी शासन से स्वतन्त्र करा लिया है। देश का शासन विदेशी सरकार के हाथ में चले जाने के परिणामस्वरूप देश की जनता ने किस रूप में स्वतन्त्रता अनुभव की है; प्रजा ने क्या अधिकार और अवसर प्राप्त किये हैं, इन बातों पर विचार करने से बात लम्बी और गहरी हो जायेगी। राष्ट्रीय-कांग्रेसी राज में प्रजा की स्वतन्त्रता के रूप और वास्तविकता की छानबीन का प्रश्न अभी रहने दीजिये। हम ब्रिटिश सरकार द्वारा देश का शासन भारतीय सरकार को सौंप देने की ही बात को लें। इस सच्चाई से इनकार नहीं किया जा सकेगा कि कांग्रेस सरकार के हाथ में भारत का शासन आ जाना ब्रिटिश सरकार, भारतीय कांग्रेस और मुस्लिम लीग के नेताओं के बीच एक समझौते का परिणाम था। भारत के गाँधीवादी नेताओं का दावा है कि ब्रिटिश सरकार को उनकी अहिंसात्मक शक्ति के आगे हार स्वीकार कर समझौते के रूप में कांग्रेस की न्यायोचित माँग को पूरी कर देना पड़ा। इस समझौते के वास्तविक कारणों और परिस्थितियों को जानने के लिए और यह समझने के लिए कि भारत की माँग का दमन अपनी सशस्त्र शक्ति से करते रहनेवाले ब्रिटेन ने, गत महायुद्ध के बाद समझौते की नीति क्यों अपना ली, ब्रिटिश रारकार के उद्देश्य और दृष्टिकोण की भी उपेक्षा नहीं की जा सकती।

ब्रिटेन के प्रधानमन्त्री मि. क्लीमेण्ट एटली ने भारत और पाकिस्तान के साथ अपने इस समझौते का उद्देश्य प्रकट करते हुए कहा—"कम्युनिज्म अपना प्रभाव अनेक गुप्त तरीकों से संसार भर में फैला रहा है। एशिया और अफ्रीका में कम्युनिज्म के इस प्रभाव को रोकने के लिए हमने भारत, पाकिस्तान और लंका को स्वतन्त्रता देकर उन्हें कम्युनिज्म के विरुद्ध अपने कामनवेल्थ के मोर्चे में अपना साझीदार और सहायक बना लिया है।"[1]

भारत के गाँधीवादी नेता अपने राजनैतिक कार्यक्रम के प्रति जनता में अन्धविश्वास पैदा करने के लिए चाहे जो दावा करें परन्तु ब्रिटेन के प्रधानमन्त्री और ब्रिटिश साम्राज्यशाही को न तो गाँधीवाद की अहिंसात्मक-क्रान्ति के प्रति श्रद्धा थी, न उसका भय था। उन्हें रूस की समाजवादी व्यवस्था की सफलता के कारण भारत और दूसरे उपनिवेशों में फैलते कम्युनिस्ट विचारों से भय था और इस भय का सामना करने के लिए ब्रिटिश साम्राज्यशाही अपनी सैनिक शक्ति पर भरोसा नहीं कर सकती थी। संसार में फैलते कम्युनिज्म के भय से अपने साम्राज्य की रक्षा के लिए उन्हें भारत और दूसरे उपनिवेशों की समाजवाद-विरोधी पूँजीपति श्रेणी के सहयोग और साझेदारी की आवश्यकता थी।

ब्रिटेन के प्रधानमन्त्री द्वारा प्रकट किये गये रहस्य के आधार पर यह समझ लेना कठिन नहीं कि ब्रिटिश सरकार के हाथ से शासन का अधिकार भारतीय सरकार को दिला देनेवाले समझौते का कारण भारत के गाँधीवादी राजनैतिक आन्दोलन की विजय नहीं थी। इसका श्रेय अन्तरराष्ट्रीय रूप से बढ़ती कम्युनिज्म की शक्ति और साम्राज्यशाही को कम्युनिज्म से अनुभव होनेवाले भय को ही है। गाँधीवाद का अपने कार्यक्रम की सफलता का दावा सत्य नहीं है और इस दावे के आधार, उनका देश के शासन की बागडोर सँभालने का दावा भी सत्य नहीं है। इस देश में गाँधीवादी—कांग्रेसी-शासन की नींव ही एक असत्य पर रखी गयी है और इस असत्य को बनाये रखने के लिए गाँधीवादी कांग्रेस और कांग्रेसी सरकार की पूरी शक्ति लगायी जा रही है।

इस देश में गाँधीवाद को क्रियात्मक रूप देने के लिए अनेक संस्थाओं—अखिल भारतीय चर्खा संघ, मज़दूर-महाजन-सभा, हरिजन-सेवा संघ और सर्वोदय-समाज आदि का संगठन किया गया। भारत सेवक समाज आदि नये संगठन भी बनाये जा रहे हैं। इनके अतिरिक्त गाँधीवाद का सबसे मुख्य प्रतिनिधि रहा है, राष्ट्रीय संस्था के नाम से पुकारा जानेवाला देश का सबसे बड़ा राजनैतिक संगठन, 'कांग्रेस। गाँधीवाद के आदर्श और नीति को साधन बनाकर कांग्रेस ने इस देश का कैसा कल्याण किया

---

1. इंग्लैण्ड के प्रधानमन्त्री मि. क्लीमेण्ट एटली की ब्राइटन में 5 सितम्बर, 1950 की वक्तृता, National Herald, Sept. 6, 1950.

है और देश की कितनी उन्नति कर सकेगी, यह जानने के लिए स्वयं कांग्रेस के संगठन पर ही गाँधीवाद का प्रभाव देखना उचित होगा।

गाँधीवाद के आध्यात्मिक सत्य-अहिंसा के आदर्श ने कांग्रेसजनों की कितनी आध्यात्मिक उन्नति की है, उनमें सत्य और अहिंसा की ओर कैसी प्रवृत्ति पैदा की है; इस विषय में गाँधीवाद के सबसे प्रामाणिक नेता और गाँधी जी के पश्चात् उनके मुख-पत्र 'हरिजन' के सम्पादक श्री किशोरीलाल घनश्याम दास मशरूवाला का 23 अगस्त, 1950 के नेशनल हेरल्ड में प्रकाशित वक्तव्य ही सबसे अधिक विश्वास योग्य और निर्विवाद हो सकता है। सन् 1950 में कांग्रेस के नवीन प्रधान के चुनाव के अवसर पर उनका वक्तव्य था–

"मेरी सम्मति में आचार और नैतिकता की दृष्टि से इस संगठन का इतना पतन हो गया है कि ईमानदार व्यक्तियों को इससे सम्बन्ध विच्छेद कर लेना उचित है। रचनात्मक कार्य में भाग लेनेवाले यदि कुछ कर सकते हैं तो यह कि उन्हें प्रधानमन्त्री को सहायता देने के लिए ऐसे कांग्रेस-प्रधान का निर्वाचन करना चाहिए जो अपनी पूरी शक्ति लगाकर कांग्रेस में भर गयी बेईमानी, गुण्डागिरी, साम्प्रदायिकता और स्थानीय पक्षपात की गुटबन्दी को दूर कर सके।" यह है एक अत्यन्त गाँधीवादनिष्ठ, गाँधीवादी नेता का वक्तव्य उस संस्था के विषय में जो गाँधीवाद के साधन से न केवल इस देश का, बल्कि सम्पूर्ण संसार का कल्याण सत्य-अहिंसा की नैतिकता से करने का बीड़ा उठाकर चली थी। यदि गाँधीवादियों की दृष्टि में गाँधीवाद की समर्थक कांग्रेस का स्वयं ही इतनी जल्दी ऐसा भयंकर पतन हो गया है तो कांग्रेस द्वारा चलायी जानेवाली सरकार की अवस्था इससे बेहतर नहीं, बदतर ही है। कांग्रेस के इस पतन की जिम्मेवारी से गाँधीवाद मुक्त नहीं हो सकता।

कुछ गाँधीवादी नेताओं का यह कह देना कि कांग्रेस जन और कांग्रेस सरकार गाँधीवाद का मार्ग छोड़ चुके हैं, गाँधीवाद को कांग्रेस के पतन की जिम्मेवारी से बरी नहीं कर सकता। कांग्रेस की सफलता का श्रेय गाँधीवाद को हो और कांग्रेस के पतन की जिम्मेवारी कांग्रेस जनों की व्यक्तिगत कमजोरी को मान लेना युक्ति-संगत नहीं। किसी भी सिद्धान्त या वाद का परिणाम जानने का यही उपाय है कि उस सिद्धान्त के अनुयायी लोगों की मनोवृत्ति और व्यवहार पर उस वाद का प्रभाव देखा जाय यह कह देना कि जनता गाँधीवाद के मार्ग से गिर गयी है, निरर्थक है। गाँधीवाद के अनुयायियों की मनोवृत्ति और कर्त्तव्य बुद्धि को ऊँचा उठा सकने में असफल क्यों रहा? कांग्रेसी लोग गाँधीवाद को अपना स्वार्थ पूरा करने का साधन क्यों बना रहे हैं और गाँधीवाद जनविरोधी, जनता के रक्त से पुष्ट होनेवाली श्रेणी के ही हाथ का साधन क्यों बन गया? अपने श्रम से समाज के लिए आवश्यक पदार्थों की पैदावार करनेवाली श्रेणी गाँधीवाद से निराश क्यों हो गयी है? श्री मशरूवाला के कथनानुसार आज यदि कांग्रेस में साम्प्रदायिक गुण्डे, बेईमान और चेलापरस्त भर गये हैं तो इसका कारण यही है कि

कांग्रेस ऐसी ही पतनशील श्रेणी के व्यक्तियों के स्वार्थ को पूर्ण करने का साधन बन सकती थी; गाँधीवाद के सिद्धान्तों और आदर्श की वास्तविकता यही थी। गाँधीवाद के प्रमुख नेता आचार्य कृपलानी ने अपने पत्र 'विजिल' जुलाई, 1950 में कांग्रेसी शासन की धाँधलियों के प्रति खिन्नता प्रकट करते हुए लिखा था..."यदि चीन में च्यांग सरकार का शासन समाप्त होकर जनवादी सरकार स्थापित होते ही चीनी सरकार का प्रसिद्ध अनाचार, बेईमानी और दमन समाप्त होकर वहाँ न्याय, सुव्यवस्था और ईमानदारी से प्रजा के सन्तोष की व्यवस्था हो गयी है तो कांग्रेसी सरकार के शासन में यह सब क्यों नहीं हो सकता?" इस प्रश्न का उत्तर देना चाहिए कांग्रेस के गाँधीवादी आदर्श और कार्यक्रम को!

उत्तर सीधा है कि चीन में आध्यात्मिकता का खोल चढ़ाकर पतनशील पूँजीवादी शोषक व्यवस्था को पनपने और शक्ति संचय का अवसर नहीं दिया गया। चीन में जनता का शासन भौतिक सत्य की कसौटी पर खरी उतरनेवाली जनवादी नैतिकता के आधार पर चल रहा है। वहाँ सत्य और अहिंसा को जनता द्वारा समझी न जा सकनेवाली ईश्वरीय प्रेरणा की गोली बनाकर जनता के गले से नहीं उतारा जाता। वहाँ सत्य और अहिंसा का निर्णय जनता स्वयं अपने हित और कल्याण के तराजू पर तौलकर करती है। चीन में गाँधीवाद के पर्दे में पूँजीवादी नैतिकता का शासन नहीं, समाजवादी नैतिकता की व्यवस्था स्थापित हो रही है।

गाँधीवाद के कुछ भक्तों का कहना है कि कांग्रेस और कांग्रेसी सरकार के नैतिक पतन का कारण यह है कि इन दोनों ने गाँधीवाद के आदर्शों को छोड़ दिया है। कांग्रेसी सरकार ने कभी भी गाँधीवाद से अपना विश्वास हट जाने की या गाँधीवादी कार्यक्रम को छोड़ देने की घोषणा नहीं की। विदेशी शासन का अंकुश सिर पर से हट जाने के बाद कांग्रेस के नेताओं और कांग्रेसी सरकार को इस बात का अवसर मिल गया है कि वे अपने वास्तविक प्रयोजन और उद्देश्य को निरंकुशता से पूरा कर सकें। ऐसा अवसर आने पर गाँधीवाद के मूल उद्देश्यों के परिणाम अपने पूरे रूप में जनता के सामने आ रहे हैं।

गाँधीवादी और कांग्रेसी शासन में प्रजा की दशा उत्तरोत्तर क्यों गिरती जा रही है? पूँजीपति श्रेणी का निरंकुश शासन और शोषण क्यों बढ़ रहा है? इन प्रश्नों का एक ही उत्तर है कि गाँधीवाद देश की जनता के जीवन का संकट दूर करने और सार्वजनिक मुक्ति और उन्नति की दृष्टि से क्रियात्मक नहीं था, न है। गाँधी जी के व्यक्तिगत रूप से निःस्वार्थ और त्यागमय जीवन का आदर्श स्वीकार कर लेने पर भी गाँधीवाद के त्याग और सत्य-अहिंसा के उपदेश की नींव में जनता के शोषण को न्याय माननेवाली नैतिकता छिपी हुई थी। गाँधीवाद जनता के शासकों और शोषकों से जनता के प्रति दया दिखाकर उन्हें जनता के विरोध से बचने का उपदेश तो देता था परन्तु जनता के

आत्मनिर्णय का अधिकार पाने की बात नहीं कहता था। गाँधीवाद ऐसी नैतिकता और न्याय का समर्थन कर रहा था जो समाज में आ गये परिवर्तनों के कारण पूँजीपति श्रेणी के जनविरोधी अधिकारों का रूप ले चुके थे।

देश के शासन के सम्बन्ध में गाँधीवादी नीति को क्रियात्मक रूप देने के प्रश्न पर स्वयं गाँधीवाद के समर्थकों और प्रचारकों में ही मतभेद दिखायी देने लगा है। आचार्य कृपलानी और पण्डित जवाहरलाल नेहरू और श्री वल्लभभाई पटेल का राजनैतिक मतभेद उसका एक उदाहरण है। गाँधीवाद के कुछ आचार्यों का कहना है कि भारतीय सरकार गाँधीवादी नीति के अनुसार संगठन के साम्यवादी पुनः निर्माण के कार्यक्रम को तिलांजलि दे चुकी है। दूसरी ओर सरकारी सिंहासन पर बैठे गाँधीवादी नेताओं का कहना है कि उनकी शासनव्यवस्था रामराज्य के मौलिक सिद्धान्तों या गाँधीवादी राजनीति के ही अनुरूप है।

भारतीय सरकार द्वारा गाँधीवादी नीति के अनुसार देश के शासन का परिणाम देश की प्रजा के सामने है। आर्थिक रूप से प्रजा का संकट इतना अधिक बढ़ रहा है कि प्रजा विदेशी शासन से स्वतन्त्रता का उत्साह अनुभव करने के बजाय अपने-आपको पहले से अधिक हतभागा समझ रही है। यदि अदालतों में अपराध प्रमाणित किये बिना पचीस-तीस हजार आदमियों को ज़ेलों में भर देना, जेलों में लाठी-गोली चलाना, राजनैतिक कैदियों को जेल की कोठड़ियों में बन्द करके पीटना, स्त्री राजनैतिक कैदियों के बाल पकड़कर खींचना और देहातों में राजनैतिक आन्दोलन करनेवालों के घर-बार लूटकर जला देना, कम्युनिस्ट समझे जानेवाले किसानों के सिर पर लाल कपड़े की धज्जियाँ कीलों से गाड़ देना, नगरों में सभा आदि करने के अधिकार छीन लेना हिंसा कहा जा सकता है तो देश में हिंसा का प्रयोग भी अंग्रेजी राज की अपेक्षा आज बहुत अधिक दिखायी दे रहा है। गाँधीवादी-कांग्रेसी राज में पुलिस की संख्या और अधिकार अंग्रेजी राज की अपेक्षा कहीं अधिक बढ़ते जा रहे हैं। पुलिस, प्रेम और अहिंसा द्वारा हृदय परिवर्तन का साधन नहीं, सशस्त्र दमन का ही साधन है।

विदेशी शासन से मुक्त होकर नागरिक स्वतन्त्रता अनुभव करने की बात तो दूर रही, कांग्रेसी राज में इस विषय पर विचार प्रकट करना ही साहस का प्रदर्शन समझा जा रहा है। कांग्रेस के राष्ट्रीय स्वतन्त्रता के आन्दोलन से परिचित लोगों को यह भूला न होगा कि सन् 1919 में भारतीय ब्रिटिश सरकार द्वारा 'रौलेट-कानून' जारी किये जाने पर जब कांग्रेस ने इस कानून का विरोध किया था तभी कांग्रेस के आन्दोलन को देश की जनता का सहयोग मिला था और कांग्रेस कुछ अंग्रेजी बोलनेवाले सफेदपोश लोगों की संख्या की सीमा तोड़कर सार्वजनिक संख्या बन गयी थी। रौलेट कानून द्वारा अंग्रेजी सरकार के बिना स्पष्ट अपराध बताये गिरफ्तारी, तलाशी कर सकने और अपराध प्रमाणित किये बिना लोगों को जेल में बन्द कर देने के अधिकार अपनी नौकरशाही

को दिये थे। रौलेट कानून को कांग्रेस ने दमनकारी 'काला कानून' कहकर इसका विरोध किया था। इस काले कानून का विरोध करने के लिए देश की जनता ने ब्रिटिश सरकार के अमानुषिक अत्याचार और दमन का सामना किया था। अमृतसर में जलियाँवाला बाग का हत्याकाण्ड हुआ, शोलापुर में गोली चली, गुजराँवाला में सरकार ने विमान से बम फेंककर जनता का दमन किया और प्रायः पूरे पंजाब में फौजी कानून जारी किया गया था। आज कांग्रेसी सरकारों द्वारा लागू किये गये 'शान्ति और सुरक्षा' कानून रौलेट कानून की अपेक्षा कहीं अधिक उच्छृंखल निरंकुश दमन का अधिकार अपनी नौकरशाही को दे रही है। आज हजारों राजनैतिक कार्यकर्त्ता अदालत में अपराध प्रमाणित हुए बिना जेलों में बन्द हैं। हाईकोर्ट उनके जेल में बन्द रखे जाने को अनुचित और अन्यायपूर्ण घोषित कर इन राजनैतिक बन्दियों की रिहाई की आज्ञा दे देते हैं परन्तु कांग्रेसी सरकार उन्हें जेल से निकाल नजरबन्द कर देती है। यह सब कारनामे करके भी कांग्रेसी सरकारें आज भी गाँधी जी के नाम की दुहाई देकर, अपने-आपको गाँधीवाद की अहिंसात्मक नीति का उत्तराधिकारी बताकर प्रजा से अपने प्रति विश्वास और सहयोग की माँग कर रही है।

कांग्रेसी सरकारों के शासनकाल में देश की पूँजीपति श्रेणी को मुनाफा कमाने की खुली छूट मिल गयी है। लूट की छूट के कारण देश में विकट आर्थिक संकट की अवस्था पैदा हो गयी है। धाँधली और दमन का ज्वार-सा आ गया है और प्रजा निराशा अनुभव कर रही है; कांग्रेसी सरकारों का शासन जनता के लिए असह्य हो गया है। यदि विरोध की सबल आवाज नहीं सुनायी देती तो उसका कारण वामपक्ष में उचित नेतृत्व का अभाव है। अपने शासन के प्रति जनता का विश्वास और श्रद्धा बनाये रखने के लिए कांग्रेसी सरकारें गाँधी जी के नाम और गाँधीवाद का आश्रय ले रही हैं। कांग्रेसी सरकार जनता को यह विश्वास दिलाना चाहती है कि उनका शासन गाँधवादी नीति के अनुसार रामराज्य की व्यवस्था है इसलिए उनका शासन संसार में सर्वोत्तम शासनव्यवस्था है और जनता के लिए सबसे अधिक कल्याणकारी है। इस सरकार को और इस सरकार की शासन-व्यवस्था को बदलने का यत्न करना हिंसा का प्रयत्न है और गाँधीवाद के प्रति विद्रोह है। कांग्रेसी सरकार अपने प्रति जनता का विश्वास बनाये रखने के लिए और जनता को किसी दूसरे राजनैतिक तथा आर्थिक कार्यक्रम द्वारा अपने संकटों का उपाय करने की बात सोचने का अवसर न देने के लिए जनता को गाँधी जी की जय की गूँज से बहरा किये हुए हैं।

कांग्रेसी सरकार के नेता अपने-आपको गाँधीवाद का मुख्य पण्डा समझते हैं। गाँधीवाद के अतिरिक्त और कोई बात सोचने का अवसर वे जनता के सामने नहीं आने देना चाहते इसलिए स्कूल के बच्चों को अक्षर-ज्ञान के समय से ही गाँधी जी और

कांग्रेसी नेताओं के चित्रों से चकाचौंध कर देने की सरकारी आयोजना बना दी गयी है। सरकार के हुक्म से बच्चों के लिए छपाई जानेवाली प्रारम्भिक पुस्तकों में गाँधी जी के कई-कई चित्रों का होना अनिवार्य करार दे दिया गया है। सबसे बड़ा मजाक तो यह है कि अदालतों में अपराधियों को जेल और फाँसी की सज़ा देनेवाले जजों के सिर पर भी अहिंसा और प्रेम के अवतार बताये जानेवाले गाँधी जी के चित्र लटके रहते हैं; शायद इन चित्रों के प्रभाव से जेल और फाँसी की सज़ा के हुक्मों को भी अहिंसा और प्रेम की भावना समझा दिया जाने का प्रयोजन पूरा होता है। यहाँ तक कि बन्दी-गृहों में भी स्वतन्त्रता के देवता गाँधी जी के ही चित्र लटका दिये गये हैं। ब्रिटिश सरकार के शासनकाल में जनता में अटूट राजभक्ति की भावना भर देने के लिए जो काम ब्रिटिश साम्राज्य के शाहंशाह के नाम और चित्र से लिया जाता था, वही काम कांग्रेसी सरकारें गाँधी जी के नाम और चित्र से ले रही हैं। कांग्रेसी-सरकारों की नीति और कार्यक्रम से जो असन्तोष जनता में फैल रहा है, उससे रक्षा का उपाय कांग्रेसी सरकारों को गाँधी जी के नाम और गाँधीवाद के प्रचार में ही दिखायी देता है।

कांग्रेसी सरकार का शासन वास्तव में गाँधीवाद के मौलिक सिद्धान्तों के अनुसार है या नहीं? यदि शासन गाँधीवाद के सिद्धान्तों के अधिक अनुकूल हो जाये तो जनता भविष्य में उससे क्या आशा रख सकती है; देश की अन्य आर्थिक, सामाजिक और नैतिक समस्याओं का समाधान गाँधीवाद के अनुकूल किस प्रकार हो सकता है; इन प्रश्नों के विवेचन के लिए गाँधीवाद के व्यावहारिक रूप और सिद्धान्तों का समुचित परिचय अत्यन्त आवश्यक है।

गाँधीवादी सत्य–अहिंसा का तत्त्व

गाँधी जी ने अपने कार्यक्रम और विचारधारा पर प्रकाश डालने के लिए अपने पत्र 'हरिजन बन्धु' (29-3-1936) में गाँधीवाद का परिचय स्वयं इन शब्दों में दिया था–

''गाँधीवाद नाम की कोई वस्तु है ही नहीं, न मैं अपने पीछे कोई सम्प्रदाय छोड़ जाना चाहता हूँ। मेरा यह दावा भी नहीं कि मैंने किसी नये तत्त्व या सिद्धान्त का आविष्कार किया है। मैंने तो सिर्फ जो शाश्वत सत्य है, उसको अपने नित्य के जीवन और प्रतिदिन के प्रश्नों पर अपने ढंग से उतारने का प्रयासमात्र किया है। मुझे दुनिया की कोई नयी चीज नहीं सिखानी है। सत्य और अहिंसा अनादिकाल से चले आये हैं...

''ऊपर जो कुछ मैंने कहा है, उसमें मेरा सारा तत्त्वज्ञान--यदि मेरे विचारों को इतना बड़ा नाम दिया जा सकता है तो–समा जाता है। आप उसे गाँधीवाद न कहें, क्योंकि उसमें वाद जैसी कोई बात नहीं।''

गाँधी जी ने अपने जीवन में विनय और त्याग को ही जीवन का आदर्श घोषित किया था। उन्हें यह विनय ही शोभा देता था कि वे अपने सिद्धान्तों के साथ अपना व्यक्तिगत नाम न लगने का ही आग्रह करें। अपने सिद्धान्तों को प्राचीन ऋषियों का उपदेश बता देने पर प्राचीन भारत के गौरव में अन्धश्रद्धा रखनेवालों को अपने कार्यक्रम की ओर आकर्षित करने की सुविधा भी थी परन्तु गाँधी जी के अनुयायी और उनके सिद्धान्तों का समर्थन करनेवालों ने गाँधी जी द्वारा समर्थित पुराने चले आये सिद्धान्तों को गाँधीवाद का नाम निश्चित रूप से देकर इन सिद्धान्तों के लिए जनता का विश्वास और समर्थन पाने की चेष्टा की है। यद्यपि गाँधी जी ने विनय के विचार से, अपने 29-3-36 के लेख में अपने विचारों को गाँधीवाद का नाम न दिया जाने का विनीत आग्रह किया था परन्तु कराची कांग्रेस के मौके पर (25-3-31) अपने कार्यक्रम का विरोध करनेवालों को उत्तर देते समय उन्होंने बलपूर्वक यह घोषणा भी की थी– ''गाँधी मर सकता है परन्तु गाँधीवाद अमर रहेगा।''[1] गाँधी जी की इस घोषणा के अनुसार उनके विनय को ध्यान में रखते हुए भी गाँधीवाद शब्द का प्रयोग गाँधी जी के सिद्धान्तों के प्रति अनुचित नहीं समझा जा सकता।

सत्य और अहिंसा द्वारा मनुष्य-समाज में सुख, शान्ति और न्याय की स्थापना होनी चाहिए, इस विषय में तो सभी सम्प्रदाय सिद्धान्त और राजनैतिक कार्यक्रम सहमत हैं।

---

1. कांग्रेस का इतिहास, पृष्ठ 460

सत्य और अहिंसा क्या है और परिस्थितियों को दृष्टि में रखकर सत्य-अहिंसा को किस प्रकार लागू किया जा सकता है, इसी विषय में भारी मतभेद हो जाता है। अपने जीवनकाल में गाँधी जी का और उनकी मृत्यु के पश्चात् उनके अनुयायियों का दावा है कि भारत के दुःख, दरिद्रता, विषमता और अशान्ति का उपाय केवल गाँधीवाद के सत्य और अहिंसा द्वारा ही हो सकता है। इससे भी अधिक, गाँधीवाद का दावा है कि संसार भर में फैली हुई अशान्ति और विषमता का उपाय केवल सत्य-अहिंसा की गाँधीवादी धारणा और उसके द्वारा प्रतिपादित नैतिकता से ही हो सकता है।

गाँधीवाद की धारणा है कि संसारव्यापी अशान्ति और विषमता का कारण व्यक्तियों और समाज के स्वभाव के दुर्गुण, लोभ, स्वार्थ और हिंसा की वृत्ति है। इन दुर्गुणों का कारण भौतिक संस्कृति (Materialist Culture) को जीवन का मार्ग मान लेना और जीवन की सांसारिक सफलता को आदर्श लक्ष्य समझ लेना है। भौतिक के लिए प्रभाव से आर्थिक और राजनैतिक संघर्षों में फँसने के कारण ही भारत का पतन हुआ और यह देश दासता के जुए में फँसकर विवश हो गया। शेष संसार भी इस भौतिक संस्कृति के लोभ, स्वार्थ, हिंसा और स्पर्द्धा और संघर्ष का ही शिकार होकर आत्मसंहार से नष्ट हो रहा है। जीवन के लक्ष्य को प्राचीन आध्यात्मिक संस्कृति के अनुकूल स्वीकार करने से ही भारत और सम्पूर्ण संसार का कल्याण हो सकता है।

गाँधीवादियों को यह सुनकर विस्मय होगा कि भौतिकवाद भी संस्कृति और सभ्यता का उद्‌देश्य समाज से हिंसा, विषमता और अशान्ति दूर रखना ही समझता है। परन्तु भौतिकवाद यह नहीं मानता कि समाज के व्यक्तियों के व्यवहार उसके समाज की आर्थिक पारेस्थितियों से स्वतन्त्र हैं और समाज में दिखायी देनेवाले असत्य और अहिंसा केवल व्यक्तियों के गुण-दोष जन्मजात और प्राकृतिक स्वभाव के कारण होते हैं। भौतिकवाद समाज में हिंसा, विषमता और अशान्ति का कारण समाज के व्यक्तियों की आर्थिक और भौतिक परिस्थितियों को मानता है। भौतिकवाद समाज से हिंसा, विषमता और अशान्ति को दूर करने के लिए ही समाज की आर्थिक परिस्थितियों में से ऐसे कारणों को दूर कर देना आवश्यक समझता है जिनसे हिंसा, विषमता और अशान्ति उत्पन्न होती है। भौतिकवाद समाज की व्यवस्था और परिस्थितियों को शाश्वत नहीं मानता। उसका मत है कि समाज में व्यक्तियों के सम्बन्ध और व्यवहार बदलते रहते हैं और इन परिवर्तनों के अनुकूल समाज में सत्य-अहिंसा और न्याय की धारणा भी बदल जाती है। मनुष्य-समाज का इतिहास ऐसे परिवर्तन के उदाहरणों से भरपूर है।

गाँधीवाद की दृष्टि में सत्य, अहिंसा और न्याय का आधार मनुष्य-समाज की परिस्थितियाँ और मनुष्य-समाज का अपना निर्णय नहीं बल्कि आध्यात्मिक ज्ञान और ईश्वर की शाश्वत, सत्य प्रेरणा है। मानव-जीवन का उद्‌देश्य सांसारिकता से मुक्ति पाकर आध्यात्मिक उन्नति से मृत्यु के पश्चात् परलोक में जाकर ईश्वर के विराट् अस्तित्व में मिल जाना है। गाँधीवाद मानव-जीवन के इस पारलौकिक उद्‌देश्य को ही

जीवन का लक्ष्य मानकर समाज में व्यक्ति और समाज की नैतिक, आर्थिक और राजनैतिक व्यवस्था का ढाँचा निश्चित करना चाहता है।

भौतिकवाद सत्य और अहिंसा का आधार मनुष्य-समाज के आर्थिक सम्बन्धों को ही मानता है। वह समाज की मानसिक, आर्थिक और भौतिक सफलता को ही समाज के कल्याण की कसौटी मानता है। इसके विपरीत गाँधीवाद मनुष्य के कल्याण के लिए आर्थिक और भौतिक सांसारिक समृद्धि को गौण और आध्यात्मिक उन्नति तथा भगवान् के सामीप्य को मुख्य समझता है।

सत्य और अहिंसा क्या है? इनके निरूपण और निश्चय का आधार क्या होना चाहिए? इस बात पर विचार करने के लिए यह जानना आवश्यक है कि सत्य-अहिंसा की आवश्यकता हम क्यों अनुभव करते हैं और सत्य-अहिंसा का प्रयोजन क्या है? व्यक्ति और समाज के जीवन का उद्‌देश्य और लक्ष्य सत्य-अहिंसा का पालन है अथवा उद्‌देश्य व्यक्ति और समाज के जीवन की आवश्यकताओं की पूर्ति और विकास है और सत्य-अहिंसा इसके लिए साधन हैं।

गाँधीवाद के मत से सत्य-अहिंसा नित्य तथा शाश्वत हैं और समाज और व्यक्ति अनित्य और नश्वर। सत्य-अहिंसा का पालन व्यक्ति और समाज के जीवन का लक्ष्य और उद्‌देश्य है। व्यक्तिगत दृष्टि से सत्य-अहिंसा के पालन का उद्‌देश्य आध्यात्मिक उन्नति द्वारा परलोक में मोक्ष की प्राप्ति है और सामाजिक दृष्टि से सत्य-अहिंसा के पालन का उद्‌देश्य और लक्ष्य रामराज्य की व्यवस्था या पूर्ण और शाश्वत न्याय और सत्य, अहिंसा की स्थापना करना है।

यदि हम गाँधीवाद के अनुसार सत्य-अहिंसा को व्यक्ति और समाज के जीवन का उद्‌देश्य स्वीकार कर लें तो भी यह मानना पड़ेगा कि सत्य और अहिंसा मनुष्यों के व्यक्तिगत और सामाजिक कल्याण का साधन है। गाँधीवाद के अनुसार सत्य और अहिंसा से मनुष्य-समाज का कल्याण तो होता है परन्तु सत्य और अहिंसा के रूप का निश्चय मनुष्य-समाज नहीं करता, इसका निश्चय ईश्वर की प्रेरणा से हुआ है। सत्य और अहिंसा अपरिवर्तनशील अर्थात् शाश्वत हैं और इनका मुख्य उद्‌देश्य इस लोक के बन्धनों से मुक्त होकर परलोक में भगवान् की प्राप्ति और आत्मा की मुक्ति है।

हम मनुष्य-समाज के इतिहास, अनुभव और नित्य जीवन के व्यवहार में सत्य-अहिंसा का उपयोग और निर्णय किस प्रकार होता देखते हैं? यदि हम भूमि के किसी ऐसे टुकड़े या द्वीप की बात सोचें जहाँ मनुष्य की आबादी नहीं है, तो उस स्थान पर हम ईश्वरीय प्रेरणा से सत्य और अहिंसा के नियमों के व्यवहार में आने की कल्पना नहीं कर सकेंगे। यदि ऐसे निर्जन स्थान या द्वीप में कोई अकेला आदमी जाकर बस जाता है, जैसा कि राबिन्सन क्रूसो की प्रसिद्ध कहानी में हम पढ़ते हैं, तो इस अकेले व्यक्ति के लिए भी सत्य और अहिंसा के नियमों के निर्णय और व्यवहार का कोई अवसर नहीं हो सकता। अर्थात् सत्य-अहिंसा का अस्तित्व मनुष्य-समाज के बिना नहीं हो सकता। कोई अकेला

व्यक्ति भी सत्य-अहिंसा का प्रयोग नहीं कर सकता। सत्य-अहिंसा का प्रयोग केवल सामाजिक रूप में ही हो सकता है। सत्य-अहिंसा व्यक्तिगत वस्तु नहीं सामाजिक व्यवहार की वस्तु है। व्यक्ति सत्य और अहिंसा की धारणाओं को ईश्वरीय प्रेरणा द्वारा नहीं अपने समाज से ही ग्रहण करता है। यदि कोई व्यक्ति सत्य-अहिंसा के व्यवहार से अपनी आध्यात्मिक उन्नति करके परलोक में अपनी आत्मा की मुक्ति चाहता है, तो भी समाज में सत्य-अहिंसा का व्यवहार समाज द्वारा स्वीकृत नियमों के अनुसार ही होना आवश्यक है।

यह स्वीकार कर लेने पर कि सत्य-अहिंसा को हम समाज के जीवन में, मनुष्यों के परस्पर व्यवहार में ही अनुभव कर सकते हैं, यह भी स्वीकार करना पड़ेगा कि सत्य और अहिंसा इस लोक अर्थात् भौतिक जगत् में समाज के परस्पर व्यवहार के ही नियम हैं।

समाज में व्यक्तियों को परस्पर व्यवहार की आवश्यकता क्यों होती है; समाज में परस्पर व्यवहार का आधार क्या है? उत्तर में यह नहीं कहा जा सकता कि व्यक्ति भगवान् को प्राप्त करने के लिए या जीवन से मुक्ति पाने के लिए परस्पर व्यवहार और सहयोग करते हैं। भगवान् और मुक्ति को पाने का प्रश्न मृत्यु के पश्चात् परलोक में आता है जहाँ मनुष्य अकेला ही जाता है, सामाजिक रूप से नहीं जाता। समाज के व्यक्तियों को परस्पर व्यवहार और सहयोग इसलिए करना पड़ता है कि समाज के सभी व्यक्ति अपने जीवन की रक्षा के लिए एक-दूसरे पर निर्भर करते हैं। जीवन रक्षा के लिए आवश्यक पदार्थों को उत्पन्न करने और उन्हें परस्पर बाँटने के लिए ही समाज के व्यक्तियों का एक-दूसरे से सम्बन्ध और व्यवहार है। समाज में सब व्यक्तियों का निर्वाह हो सके, समाज के व्यक्तियों के परस्पर सम्बन्ध और व्यवहार इस प्रकार चलें कि समाज बिखर न जाये, समाज का नाश न हो जाये इसीलिए व्यक्तियों के परस्पर व्यवहार और सम्बन्ध के नियम समाज में बनाये जाते हैं। इन विषयों को ही सत्य-अहिंसा समझा जाता है।

मनुष्य-समाज में व्यक्तियों के पारस्परिक सम्बन्ध और व्यवहार के नियम जीवन रक्षा के लिए आवश्यक पदार्थों की उत्पत्ति और बँटवारे की उचित व्यवस्था करने और परस्पर सहयोग द्वारा जीवन की रक्षा करने के लिए बनाये जाते हैं। जीवन रक्षा के लिए आवश्यक और उपयोगी पदार्थ और सुविधाएँ तथा व्यवस्था इसी संसार की वस्तुएँ हैं; वे दुनिया के भौतिक तथ्य हैं; आध्यात्मिक तथ्य नहीं इसलिए समाज के इन सम्बन्धों को मूलतः भौतिक या आर्थिक सम्बन्ध ही कहा जायेगा, आध्यात्मिक और शाश्वत ईश्वर का अंश नहीं। इन सम्बन्धों को निश्चित करनेवाले नियम अर्थात् सत्य-अहिंसा भी दुनियावी या आर्थिक और भौतिक होंगे, समाज की आर्थिक और भौतिक परिस्थितियों से अलग ईश्वर का अंश अथवा आध्यात्मिक नहीं। आर्थिक सम्बन्ध या अर्थ शब्द से केवल रुपये-पैसे का ही अभिप्राय नहीं है बल्कि जीवन रक्षा की सब परिस्थितियों और साधनों को और मानसिक सन्तोष प्राप्त कर सकने के

अवसर और सुविधा से है। हिन्दू संस्कृति के प्राचीन ग्रन्थों में भी धर्म और मोक्ष के साथ काम और अर्थ शब्द का प्रयोग जीवन की भौतिक वास्तविकता और सम्भावना के रूप में ही किया गया है। रुपये-पैसे के लिए अर्थ शब्द का व्यवहार इसलिए होता है कि रुपया-पैसा समाज में जीवन निर्वाह की व्यवस्था को निबाहने का सबसे अधिक विकसित साधन है।

भौतिकवाद का मत है कि मनुष्य-समाज की व्यवस्था आर्थिक आधार पर बनती है। समाज के विकास के क्रम को आर्थिक परिस्थितियाँ निश्चित करती हैं और समाज के व्यक्तियों के व्यवहार और विचारों का आधार भी आर्थिक होता है। इसका अभिप्राय यह नहीं है कि भौतिकवाद के मत से समाज और व्यक्तियों के जीवन में रुपये-पैसे के लिए छीना-झपटी ही उनके दृष्टिकोण का निश्चय करती है। इसका अर्थ यह है कि व्यक्ति और समाज के विचार और दृष्टिकोण उनके जीवन के अस्तित्व से भिन्न और स्वतन्त्र नहीं हो सकते। जिन भौतिक परिस्थितियों और जैसी आर्थिक व्यवस्था में व्यक्ति और समाज का जीवन बनता है उन्हीं के अनुकूल अनुभवों से उनके विचार और दृष्टिकोण बनते हैं। व्यक्ति और समाज का मुख्य लक्ष्य व्यक्ति और समाज की रक्षा और उन्नति ही है। ऐसे आदर्श और उद्देश्य के लिए कभी-कभी व्यक्ति निजी स्वार्थ या अपने प्राण भी त्याग देता है परन्तु ऐसी अवस्था में भी त्याग का उद्देश्य सामाजिक, भौतिक और आर्थिक ही होता है।

मनुष्य-समाज के जीवन की व्यवस्था का सम्पूर्ण आधार भौतिक है। भौतिक साधनों के उपयोग से समाज का जीवन निर्वाह चलाने का जो प्रबन्ध किया जाता है, और इस काम के लिए व्यक्तियों के जो सम्बन्ध कायम होते हैं उन्हें समाज की आर्थिक व्यवस्था कहा जाता है। इस आर्थिक व्यवस्था को नियमित रूप से चलाने के लिए जो नियम स्वीकार कर लिये जाते हैं उन्हें ही सत्य और अहिंसा कहा जाता है। अतः सत्य-अहिंसा के नियम मनुष्य समाज की आवश्यकताओं और परिस्थितियों के अनुकूल भौतिक तथा आर्थिक व्यवस्था के अतिरिक्त और कुछ नहीं हो सकते।

मनुष्य के श्रम द्वारा भौतिक पदार्थों से पैदा किये गये उपयोगी पदार्थ और भविष्य में इन पदार्थों को पैदा करने के लिए मनुष्य के श्रम से बनाये गये साधन ही सम्पत्ति हैं। मनुष्य-समाज में सत्य और अहिंसा के नियमों का केन्द्र अर्थ या सम्पत्ति की रक्षा ही है। आर्थिक और भौतिक साधन, अर्थात् सम्पत्ति ही जीवन का आधार है। समाज में व्यवस्था का अर्थ सम्पत्ति की रक्षा के नियमों को लागू करके समाज के क्रम की रक्षा करना ही है।

सभी धर्मों और सम्प्रदायों में सत्य और अहिंसा का मूल मन्त्र--दूसरे के धन को न लेना है। मनुष्य अकारण ही असत्य और हिंसा का प्रयोग नहीं करता। सम्पूर्ण असत्य और हिंसा का कारण जीवन के लिए आवश्यक पदार्थों, सुविधाओं और अवसरों अर्थात् सम्पत्ति के सम्बन्ध में झगड़ा होना है। इन झगड़ों को मिटाने और दूर रखने के लिए ही शासनव्यवस्था अर्थात् सत्य और अहिंसा की रक्षा का महत्त्व रहता है। शासनव्यवस्था और सत्य-अहिंसा की रक्षा दो पृथक् वस्तुएँ नहीं हैं।

व्यवस्था का अर्थ है कि समाज निश्चित नियमों के अनुसार चले और समाज में एक ऐसी शक्ति मौजूद हो जो इन नियमों को अपनी ताकत से मनवा सके। बिना शक्ति के व्यवस्था नहीं चल सकती। शक्ति प्रयोग से व्यवस्था कायम करना अर्थात् समाज द्वारा मान लिये गये सत्य-अहिंसा के नियमों को मनवाना ही शासन या सरकार का रूप है।

यदि समाज में सब लोगों की स्थिति एक-सी हो या सब लोग समान रूप से सामर्थ्यवान् हों तो समाज की व्यवस्था और शासन (सत्य-अहिंसा) सब लोगों के समान निर्णय, सर्वसम्मति या बहुमत से होगा। यदि समाज में कुछ लोग निर्बल और कुछ लोग सामर्थ्यवान् होंगे तो व्यवस्था और शासन (सत्य-अहिंसा) का निर्णय सामर्थ्यवान् या सबल लोगों की इच्छा के ही अनुकूल होगा।

समाज में सामर्थ्य और शक्ति का आधार मुख्यतः शारीरिक बल नहीं हो सकता। केवल शारीरिक बल से सामर्थ्य का निर्णय पशुओं में ही होता है, क्योंकि पशु अपने जीवन के साधनों और अवसर के लिए दूसरे पर निर्भर नहीं करते। पशु अपने जीवन के लिए आवश्यक पदार्थों को परस्पर सहयोग से स्वयं नहीं उत्पन्न करते। वे अपनी सामाजिक व्यवस्था और पैदावार के साधनों पर निर्भर नहीं करते। मनुष्य पैदावार के साधनों और समाज की व्यवस्था पर निर्भर करता है इसलिए समाज में व्यक्ति का सामर्थ्य उसके वश में साधनों और समाज के दूसरे व्यक्तियों से उसके सम्बन्धों पर निर्भर करता है, उसके शारीरिक बल पर नहीं। हम अपने समाज में नित्य ही देखते हैं कि शारीरिक शक्ति से अधिक परिश्रम कर सकनेवाले नौकर-चाकर और मजदूर लोगों का सामर्थ्य और प्रभाव समाज में कम होता है और शारीरिक रूप से निर्बल धनी लोगों की शक्ति और प्रभाव अधिक होता है। पैदल न चल सकने के कारण रिक्शा या पालकी पर ढोये जानेवाले सेठ या साहब उन्हें सशरीर उठाकर दौड़ सकनेवाले लोगों की अपेक्षा अधिक सामर्थ्यवान् और सशक्त समझे जाते हैं क्योंकि वे साधनवान् हैं, आर्थिक रूप से बलवान् हैं।

जिस समाज में पैदावार के साधनों या सम्पत्ति पर समाज का साझा अधिकार होगा, उस समाज में समाज की व्यवस्था (सत्य-अहिंसा), निर्णय करने का समान अवसर सभी व्यक्तियों को होगा और समाज की व्यवस्था चालू रखने में भी सभी व्यक्तियों का समान दखल हो सकेगा। समाज में पैदावार के साधन यदि कुछ थोड़े-से व्यक्तियों के अधिकार में हो जायेंगे तो शेष लोग साधनहीन होकर अपना पेट भरने के लिए साधनवानों के मोहताज हो जायेंगे। समाज में एक श्रेणी साधनों के मालिकों और दूसरी साधनहीनों की बन जायेगी। ऐसी अवस्था में समाज की शासनव्यवस्था और सत्य-अहिंसा के नियमों को निश्चय करने का अधिकार पैदावार के साधनों की मालिक श्रेणी के ही हाथ में होगा और साधनहीन श्रेणी इन नियमों के अनुसार शासित होगी।

सम्पत्ति के दो रूप होते हैं। सम्पत्ति का एक रूप है, उपयोग में आनेवाले पदार्थ और दूसरा रूप है उपयोग में आनेवाले पदार्थों को पैदा करने के साधन-औजार, कारखाने, भूमि, खानें आदि-आदि जिन्हें पूँजी के नाम से पुकारा जाता है। पूँजी ऐसी सम्पत्ति को कहते हैं जिससे भविष्य में पैदावार की जा सके। जो सम्पत्ति भोग और उपयोग में आती है, उसे पूँजी नहीं कहा जा सकता। पैदावार के साधनों पर अधिकार या मिल्कियत रखने का प्रयोजन यही है कि इन साधनों द्वारा साधनहीन श्रेणी से मेहनत कराकर उपयोग के पदार्थ बनवाये जायें। मालिक श्रेणी साधनहीनों के श्रम से उपयोगी पदार्थ बनवाकर समाज के हाथ बेचती है। पदार्थों की पैदावार कराते समय मालिक श्रेणी मेहनत करनेवालों (मजदूरों) को कम-से-कम मेहनताना (मजदूरी) देती है और यह पदार्थ समाज को बेचते समय कच्चे माल के मूल्य के साथ अधिक-से-अधिक बनवायी (मेहनताना) लेने का यत्न करती है। मजदूर से अधिक पैदा कराया जाता है और उसे दिया कम जाता है। मजदूर को दी जानेवाली मजदूरी (मेहनताने) और समाज से ली जानेवाली बनवायी (मेहनताने) में जो अन्तर रहता है, वह मालिक श्रेणी का मुनाफा कहलाता है। यह मुनाफा मजदूरों को न दिया जानेवाला मेहनताना ही है। मजदूर सभी तरह के होते हैं, फावड़ा चलाने और कलम चलानेवाले भी।

मुनाफे के रूप में बचाकर रखे जानेवाले इस धन से, जो कि श्रम करनेवाली श्रेणी के श्रम का वह भाग है जो उसे नहीं दिया गया, पैदावार के और अधिक साधन (पूँजी) बनाये जाते हैं और पूँजीपति श्रेणी के मुनाफा कमाने के अवसर और शक्ति को बढ़ाया जाता है। पूँजीपति श्रेणी की व्यवस्था (सत्य-अहिंसा) की रक्षा के लिए यह आवश्यक है कि पूँजीहीन श्रेणी के लिए ऐसे नियम बना दिये जायें उन्हें ऐसे नियन्त्रण में रखा जाये कि यह श्रेणी पूँजी या पैदावार के साधनों पर हाथ न डाल सकें। पूँजी के स्वामित्व की रक्षा के सिद्धान्त को लक्ष्य और केन्द्र बनाकर चलनेवाले समाज में शासनव्यवस्था और सत्य-अहिंसा का मूल आधार यही सिद्धान्त है। पूँजीवादी समाज की शासनव्यवस्था, सत्य-अहिंसा और आर्थिक व्यवस्था की रक्षा का प्रयोजन यह है कि पूँजीपति श्रेणी साधनहीन श्रेणी को आर्थिक रूप से अपने वश में रखकर उसकी मेहनत से होनेवाली पैदावार से मुनाफा उठाती रहे। सत्य-अहिंसा के नाम पर इसी व्यवस्था की रक्षा करना गाँधीवाद का उद्देश्य है। इसी सत्य-अहिंसा की रक्षा को गाँधी जी देश के स्वराज से अधिक महत्त्व देते थे।

हमारे समाज में और दूसरे उन सब देशों में भी, जहाँ पैदावार के साधन पैदावार के लिए मेहनत करनेवाले सभी लोगों के साझे अधिकार में नहीं हैं, सत्य-अहिंसा अथवा शासन की व्यवस्था सम्पत्ति की मालिक श्रेणी के ही हाथ में है। इस व्यवस्था का प्रयोजन समाज को इस तरह चलाना है कि सम्पत्ति के मालिकों के सम्पत्ति पर अधिकार की और इस सम्पत्ति से लाभ या मुनाफा उठाने के अधिकार की रक्षा होती रहे और साधनहीन श्रेणी उसके लिए मुनाफा कमाने का साधन बनी रहे।

रामराज्य का आधार ईश्वर-प्रेरणा का तथ्य

यह धारणा कि सत्य-अहिंसा (समाज में शासन की तथा आर्थिक व्यवस्था) शाश्वत है, वह सर्वसाधारण-समाज के निर्णय से ऊपर ईश्वर के अस्तित्व का शाश्वत अंग है, अथवा सत्य-अहिंसा का अस्तित्व समाज की भौतिक परिस्थितियों से स्वतन्त्र आध्यात्मिक तथ्य है, अथवा वह ईश्वरीय प्रेरणा का परिणाम है, केवल जनसाधारण का अज्ञान और मिथ्या विश्वास मात्र है। इस मिथ्या विश्वास को सम्पत्ति की मालिक श्रेणी ने अपने स्वार्थ की रक्षा के लिए, अपने शासन के अधिकार की शक्ति का लाभ उठाकर जन्म दिया है। जनता को यह उपदेश देना कि सत्य-अहिंसा अपरिवर्तनशील ईश्वर की शाश्वत प्रेरणा है; ईश्वर-प्रेरणा को केवल कुछ ज्ञानी लोग ही पहचान सकते हैं, सर्वसाधारण जनता नहीं पहचान सकती; सत्य-अहिंसा के नियम शाश्वत हैं, कभी बदल नहीं सकते; मनुष्य-समाज के अनुभव और इतिहास के विरुद्ध बात करना है। ऐसे सिद्धान्तों का प्रचार जनता को भयभीत करने के लिए झूठ और भ्रम फैलाना है। इसके साथ ही कुछ लोगों का यह दावा करना कि जनसाधारण की पहुँच से दूर भगवान् तक उनकी पहुँच है, वे भगवान् की आज्ञा और प्रेरणा प्राप्त कर सकते हैं, न केवल महात्माओं का दूसरे मनुष्यों से ऊँचा होने का मिथ्या अहंकार है बल्कि भयंकर प्रपंच और दम्भ है।

जो लोग विश्वास करते हैं कि इस सृष्टि और मनुष्य-समाज का निर्माण ईश्वर ने किया है और ईश्वरीय न्याय से संसार और समाज का विधान चलता है, वे ईश्वर की अनेक और परस्पर-विरोधी व्याख्याएँ करते हैं। ईश्वर के होने या न होने के बारे में बहस हमारे प्रसंग का विषय नहीं है। हम केवल इसी विषय पर विचार कर रहे हैं कि सत्य-अहिंसा का निर्णय मनुष्य-समाज करता है या कोई दूसरी शक्ति। ईश्वर के सम्बन्ध में हमारा प्रयोजन यहाँ ईश्वर की गाँधीवादी व्याख्या से ही है। 'गाँधी-विचार-दोहन' पृ. 4 पर ईश्वर की परिभाषा इस प्रकार दी गयी है—"इस ईश्वर का स्वरूप मन और वाणी से परे है, उसके सम्बन्ध में हम इतना ही कह सकते हैं कि परमेश्वर अनन्त, अनादि, सदा एक रूप रहनेवाला, विश्व का आत्मा-स्वरूप, आधार-रूप अथवा उसका कारण है। वह चेतन अथवा ज्ञानस्वरूप है। उसका ही एक सनातन अस्तित्व है, शेष सब नाशवान् है। यदि एक छोटे शब्द का प्रयोग हम करना चाहें तो उसे हम सत्य कह सकते हैं।"

साधारण बुद्धि का व्यक्ति प्रश्न करेगा कि जो वस्तु (ईश्वर) या समस्या मनुष्यों के मन और वाणी से परे है जिसे जान सकने का कोई साधन नहीं, उसके सम्बन्ध में ज्ञान प्राप्त करने का साधन गाँधी जी या गाँधीवादियों के पास क्या हो सकता है? ईश्वर के

मन और वाणी की पहुँच से परे होने पर उससे प्रेरणा ग्रहण करने का उपाय क्या हो सकता है? सर्वसाधारण जनता को यह समझाना कि ईश्वर तुम्हारे मन और वाणी से परे है, और स्वयं ईश्वर की प्रेरणा प्राप्त कर लेने का दावा करना अपने-आपको साधारण मनुष्यों से ऊँचा पैगम्बर या ईश्वर का भाई-बन्द बताना नहीं तो क्या है? इसे हम जनता के अज्ञान और मिथ्याविश्वास से लाभ उठाने के निस्संकोच प्रयत्न के सिवा और क्या कह सकते हैं?

सत्य और अहिंसा को एक मनगढ़न्त और सदा एकरूप रहनेवाले भगवान् की आज्ञा, प्रेरणा और निर्देश बताने का प्रयोजन सर्वसाधारण जनता को अपनी आध्यात्मिक तानाशाही की गुलामी में जकड़े रहने के सिवा और कुछ नहीं हो सकता। ईश्वर और सत्य-अहिंसा को शाश्वत तथा सदा एकरूप रहनेवाला बताने का प्रयोजन यही है कि जनसाधारण मालिकों के स्वामित्व रूपी सत्य-अहिंसा के आदर्श और रूप को बदलने की बात न सोच पाये। गाँधीवाद अपनी आध्यात्मिक सत्ता का दावा केवल धार्मिक और साम्प्रदायिक विश्वास के क्षेत्र में ही नहीं करता बल्कि राजनैतिक और आर्थिक क्षेत्र में भी करता है। 1919, 1922, 1931 और 1942 में जब देश की स्वतन्त्रता के आन्दोलन गाँधी जी के नेतृत्व से बाहर जाते दिखायी दिये, जनता ब्रिटिश राज की आधार सामन्तवादी और पूँजीवादी आर्थिक व्यवस्था को तोड़ डालने के लिए तैयार दिखायी दी, गाँधी जी ने पूँजीवादी सत्य-अहिंसा को खतरे में देखकर, ईश्वरीय प्रेरणा के अधिकार से जनता के क्रान्तिकारी आन्दोलन को स्थगित कर पूँजीपति श्रेणी के स्वार्थ की रक्षा का काम किया। क्रान्ति के धक्के से ब्रिटिश राज के टूटने पर देश की पूँजीवादी आर्थिक व्यवस्था पर भी खतरा आता था। इस खतरे में ब्रिटिश राज और देश की पूँजीवादी व्यवस्था को बचाना ही गाँधीवाद का प्रयोजन था। ईश्वरीय प्रेरणा का दम्भ करनेवाला गाँधीवाद आज भी भारत की पूँजीपति श्रेणी के हाथ में जनता के शोषण और अपने स्वार्थों की रक्षा का मुख्य शस्त्र है। आज भी कांग्रेसी सरकार अपने जनहित विरोधी पूँजीवादी राजनैतिक और आर्थिक कार्यक्रमों को गाँधीवाद के नाम से जनता पर लाद रही है।

गाँधीवाद ईश्वर को ही सत्य कहता है। गाँधीवाद के अनुसार ईश्वर मन और वाणी से परे है। इसलिए गाँधीवादी सत्य भी मन और वाणी से परे, समाज की वास्तविक परिस्थितियों और निर्णय से स्वतन्त्र, केवल गाँधीवाद की कल्पना की ही वस्तु हो सकता है अथवा गाँधीवाद इस बात का अधिकार और स्वतन्त्रता लिये है कि वह जिस सिद्धान्त या कार्यक्रम को चाहे 'सत्य' बताकर जनता पर लाद दे। जनता को इस बात का अधिकार नहीं कि वह सामाजिक परिस्थितियों के अनुकूल इस सत्य की छान-बीन कर सके या इस सत्य को अपने हित-अहित की कसौटी पर परख सके क्योंकि सत्य जनता के मन और वाणी से परे है और गाँधीवाद के नेता ही उसे पहचान सके हैं।

'गाँधी-विचार-दोहन' के पृ. 5 पर सत्य की परिभाषा इस प्रकार की गयी है—"विचार

हमारी राग-द्वेष-हीन, श्रद्धा, भक्तियुक्त तथा निष्पक्ष बुद्धि को सदैव के लिए, अथवा जिन परिस्थितियों तक हमारी दृष्टि पहुँच सकती है उनमें अधिक-से-अधिक समय तक के लिए उचित और न्याय प्रतीत होते हैं, वही हमारे लिये सद्विचार हैं।'' इस परिभाषा के दो भाग हैं। परिभाषा का पिछला भाग परिस्थितियों के अनुसार अनुभव से सत्य की जाँच के सिद्धान्त को स्वीकार करता है परन्तु जाँच का यह अधिकार देने से पूर्व गाँधीवादी मनुष्य की बुद्धि और तर्क पर भक्तियुक्त राग-द्वेष-हीन और निष्पक्ष होने की शर्त लगा देता है। यह परिभाषा गाँधीवाद की प्रपंचपूर्ण वाक्-शैली का एक अच्छा खासा उदाहरण है। श्रद्धा-भक्तियुक्त होना और निष्पक्ष भी होना, परस्पर-विरोधी अवस्थाएँ हैं। श्रद्धा-भक्ति का अर्थ है, शंका और तर्करहित पूर्ण विश्वास। निष्पक्ष होने का अर्थ है बिना किसी पूर्व धारणा, निश्चय और विश्वास के विवेक करना, शंका और तर्क द्वारा वास्तविकता की जाँच के लिए तैयार होना। जो व्यक्ति भगवान् के प्रति श्रद्धा और भक्ति की शपथ खा चुका है वह भगवान् की प्रेरणा की मोहर लगी हुई बात के सम्बन्ध में निष्पक्ष कैसे हो सकता है? जो बात भगवान् की प्रेरणा मान ली गयी हो उस पर केवल शंकारहित विश्वास ही किया जायेगा, उसके सम्बन्ध में तर्क से विवेक नहीं किया जा सकता। गाँधीवाद केवल ऐसे ही व्यक्तियों को निष्पक्ष मानने के लिए तैयार है जो ईश्वरीय प्रेरणा या गाँधीवाद में श्रद्धा-भक्ति अर्थात् तर्करहित अन्धविश्वास रखते हों; ऐसे ही व्यक्तियों के हाथ में गाँधीवाद अपने समर्थन की आशा से सत्य की खोज और निर्णय का अधिकार देने के लिए तैयार है।

वास्तव में सत्य-अहिंसा और ईश्वर-प्रेरणा का निश्चय समाज की व्यवस्था करती है। सत्य-अहिंसा और ईश्वर की प्रेरणा द्वारा समाज की व्यवस्था और नियम नहीं बनते। समाज का विकास पहले होता है और समाज अपनी आवश्यकताओं तथा परिस्थितियों के अनुसार अपनी व्यवस्था अर्थात् सत्य-अहिंसा का निश्चय स्वयं करता है। यदि समाज बन जाने या उसका विकास हो जाने से पहले ही अनादि, अनन्त ईश्वर की प्रेरणा द्वारा समाज के लिए सत्य-अहिंसा का एक आदर्श निश्चित हो जाता, जैसे कि मकान के बनने से पहले इंजीनियर लोग मकान के लिए नक्शा बना देते हैं, तो संसार के सभी समाजों में सत्य-अहिंसा के नियम और न्याय की व्यवस्था एक-सी होती। सभी देशों में और सभी अवस्थाओं में समाज, नक्शे के आधार पर बने हुए मकान की तरह पूर्ण अवस्था में संगठित होता। परन्तु हम प्रत्यक्ष देखते और अनुभव करते हैं कि मनुष्य-समाज का संगठन किसी भूल न करनेवाले नक्शे पर नहीं हुआ है। समाज के इतिहास को हम परिवर्तनों और संघर्षों की परम्परा के परिणाम में विकास करता हुआ पाते हैं। इतिहास बदल चुके सत्य-अहिंसा के रूपों के अतिरिक्त आज भी हम संसार के भिन्न-भिन्न मनुष्य-समाजों में सत्य-अहिंसा और न्याय के आदर्श एक-जैसे नहीं पाते और न सब समाजों में ईश्वर-प्रेरणा की कल्पना को एक ही रूप में पाते हैं।

सुदूर-इतिहास और दूर देशों की बात को छोड़कर, आज भी भारत में मनुष्य-समाज के विकास की अनेक अवस्थाएँ दिखायी देती हैं। इसी देश के समाजों में सत्य-अहिंसा, न्याय और ईश्वर के अस्तित्व तथा प्रेरणा के सम्बन्ध में पृथक्-पृथक् धारणाएँ दिखायी देती हैं। तिब्बत की सीमा पर रहनेवाले अस्कोट के 'राजी' लोगों में, छोटा नागपुर की पहाड़ियों में रहनेवाले आदिवासियों तथा देश के शिक्षित नागरिक समाज के सत्य-अहिंसा, न्याय और ईश्वर के सम्बन्ध की धारणाओं में समता और एकता नहीं दिखायी देती। जंगलों में रहनेवाले अनेक आदिवासियों की धारणा के अनुसार वस्त्रों से शरीर ढँकना और भूमि को जोतकर अन्न उत्पन्न करना प्रकृति के नियमों और ईश्वर की व्यवस्था के विरुद्ध है। धरती की इच्छा के विरुद्ध उसे खोदकर उसमें मनचाही चीज बो देना वे धरती माता के साथ बलात्कार का पाप समझते हैं। अपने विश्वास के अनुसार वे ऐसे अधार्मिक काम का विरोध करने के लिए अपने प्राण तक बलिदान कर देना धर्म समझते हैं। सत्य-अहिंसा, न्याय और धर्म के इतने परस्पर-विरोधी रूप क्या एक ही ईश्वर की प्रेरणा समझे जा सकते हैं? यदि ईश्वर एक ही है तो यह मनुष्यों के ज्ञान का भेद है और मनुष्यों के लिए ईश्वरीय प्रेरणा मनुष्य के ज्ञान द्वारा ही निश्चित होती है। ईश्वर के प्रति विश्वास ही ईश्वर का अस्तित्व है।

अपने देहातों और नगरों में ही हम शिक्षित और अशिक्षित लोगों में ईश्वर के अस्तित्व और उसकी प्रेरणा के सम्बन्ध में कितना मतभेद देखते हैं? कुछ लोगों का विश्वास है कि ईश्वर पीपल के पेड़ पर जल या कब्रों पर चादर चढ़ाने से प्रसन्न हो जाता है, ईश्वर बकरे या भैंसे की बलि माँगता है और ऐसी बलि न मिलने पर मनुष्यों को दण्ड देता है। कुछ लोग पशु बलि को ईश्वर की आज्ञा के विरुद्ध समझते हैं। कुछ लोग गाय का मांस खाने से भगवान् की अप्रसन्नता से नरक का दण्ड पाने की आशंका करते हैं और कुछ लोग सुअर का मांस खाने से दोजख की आग में जलने की। कुछ लोग ईश्वर को सशरीर और अपने विरोधियों को दण्ड देनेवाला और कुछ लोग भगवान् को गाँधीवाद के अनुसार रूप, रस, रंगरहित और गुणातीत मानते हैं। अद्वैतवादियों के विश्वास में ईश्वर और भी अधिक सूक्ष्म वस्तु है और सम्पूर्ण प्रकृति केवल भ्रम ही है। जो लोग ईश्वर को पीपल के पेड़ और कब्रों की पूजा या बकरे की बलि से सन्तुष्ट करने का विश्वास करते हैं, उन्हें ईश्वर में विश्वास रखनेवाले शिक्षित लोग और गाँधीवादी अज्ञानी समझते हैं। गाँधीवादी और ईश्वर की प्रेरणा में विश्वास रखनेवाले दूसरे शिक्षित लोग भी कहेंगे कि अज्ञानी लोग ज्ञान की कमी के कारण ईश्वर के सम्बन्ध में गलत धारणा बना लेते हैं और ईश्वर की प्रेरणा को गलत समझ लेते हैं।

गाँधीवाद के समर्थकों का यह कहना कि अशिक्षित और अज्ञानी लोग ईश्वर और ईश्वर की प्रेरणा के सम्बन्ध में गलत धारणा बना लेते हैं, ठीक है परन्तु इसका अर्थ यह भी होता है कि ईश्वर और ईश्वर की प्रेरणा के सम्बन्ध में सब मनुष्यों की धारणा

उनके अपने 'ज्ञान' और 'विश्वास' द्वारा ही निश्चित होती है। ईश्वरीय प्रेरणा में विश्वास रखनेवाला मनुष्य जिस बात को अपने विश्वास से उचित और न्याय समझता है, उसी बात को ईश्वर की प्रेरणा मान लेता है और जिस बात को अनुचित और अन्याय समझता है, उसे ईश्वर की आज्ञा से पाप मान लेता है। अर्थात् ईश्वर के सम्बन्ध में मनुष्यों की धारणा उनके ज्ञान, अनुभवों और विश्वासों पर निर्भर रहती है। यही कारण है कि जिस समाज में मनुष्यों की शिक्षा और ज्ञान की जितनी उन्नति होती है, उसी के अनुसार वह समाज ईश्वर का रूप और उसकी प्रेरणा का निश्चय कर लेता है। सभ्यता की आदिम अवस्था में रहनेवाले जंगली लोग, उदाहरणतः कालापानी द्वीप के निवासी या अफ्रीका के घने जंगलों में रहनेवाले लोग आज भी अपने शत्रु को युद्ध में हरा देने पर उसे मारकर खा जाना ईश्वर का दिया अधिकार समझते हैं। सभ्य समाज के पूर्वजों ने भी जब खेती और पशुपालन द्वारा निर्वाह करना सीखा था, वे भी ऐसा ही करते थे। खेती और पशुपालन द्वारा जीवन निर्वाह का ढंग सीख लेने पर युद्ध में हारे हुए लोगों को दास बना लिया जाने लगा। आज का सभ्य-संसार दास-प्रथा को अमानुषिक अन्याय समझता है। ईश्वर के न्याय में विश्वास रखनेवाले शिक्षित लोग और गाँधीवादी भी आज मनुष्यों के खरीदने-बेचने और दास बनाने को ईश्वरीय प्रेरणा से पाप ही समझेंगे परन्तु दास-प्रथा, भारत और संसार के सभी सभ्य देशों में धर्म और ईश्वरीय न्याय के विश्वास की दृष्टि से न्याय मानी जाती रही है। यूनान में ऋषि सुकरात ने, भारतीय संस्कृति के नियामक मनु ने 'मनुस्मृति' में, पितामह भीष्म ने महाभारत में सभी लोगों ने अपने समय में दास-प्रथा को ईश्वर का आदेश और धर्मानुकूल बताकर इसका अनुमोदन किया था परन्तु आज गाँधीवादी लोग दास-प्रथा को ईश्वर की प्रेरणा स्वीकार नहीं करेंगे, या तत्कालीन ईश्वर प्रेरणा में परिवर्तन की माँग करेंगे।

अछूतों की समस्या पर भी हम 'भगवान्' मनु और 'महात्मा' गाँधी द्वारा ईश्वर की प्रेरणा और न्याय के भिन्न-भिन्न रूप और उपदेश देखते हैं। यदि हम इन दोनों को उनके अपने-अपने दृष्टिकोण से, मनुष्य-समाज का हितचिन्तक और ईमानदार मानना चाहते हैं तो एक ही रास्ता है; हम मानें कि दोनों ही महानुभावों ने अपनी-अपनी परिस्थितियों और अपने-अपने समाज के उद्‌देश्यों को दृष्टि में रखकर जिस व्यवस्था को सत्य-अहिंसा समझा उसे ईश्वर की प्रेरणा का नाम दिया। भगवान् मनु और महात्मा गाँधी की सामाजिक और आर्थिक परिस्थितियों के भेद ने उनके लिए ईश्वर प्रेरणा के रूप और लक्ष्य को बदल दिया। ईश्वर प्रेरणा में आ जानेवाले इस परिवर्तन की जिम्मेवारी या उसका श्रेय गाँधीवाद के अनुसार स्वयं एकरूप रस रहनेवाले शाश्वत ईश्वर के सिर न बाँधकर भगवान् मनु और महात्मा गाँधी की बदली हुई परिस्थितियों के सिर बाँधना उचित होगा। इन बदली हुई परिस्थितियों ने ही गाँधी जी के विचार

मनु से भिन्न बना दिये। इसी प्रकार दूसरे प्रश्नों पर भी गाँधी जी अपनी जिस नीति और कार्यक्रम को ईश्वर की प्रेरणा का नाम देते थे, वह परिस्थितियों के सम्बन्ध में उनका अपना निर्णय था। गाँधी जी ने अपने इन निर्णयों को ईश्वर-प्रेरणा का नाम इसलिए दिया कि तर्क से उस नीति और कार्यक्रम का समर्थन करना कठिन था, गाँधी जी का श्रेणीगत विश्वास और न्याय की धारणा ही, जो वास्तव में अपनी श्रेणी का स्वार्थ ही होता है, गाँधी जी को उस ओर ले जा रहा था।

अपने कार्यक्रम के प्रति जनता का अन्धविश्वास पाने के लिए ईश्वर का नाम केवल गाँधी जी ने ही नहीं लिया। गाँधी जी के मुकाबिले में मि. जिन्ना भी गाँधी जी के ईश्वर-प्रेरणा से प्राप्त कार्यक्रम का विरोध करने के लिए अल्लाह के हुक्म से हुकूमते-इलाही (ईश्वरीय-प्रेरणा के शासन) कायम करने की दुहाई दे रहे थे। परिस्थितियाँ और अंग्रेजों की शासक शक्ति मि. जिन्ना के पक्ष में होने के कारण मि. जिन्ना को अपने राजनैतिक कार्यक्रम में गाँधी जी की अपेक्षा सफलता भी अधिक ही मिली। परन्तु गाँधीवादी कांग्रेसी नेता अपने पक्ष का समर्थन करने के लिए आज भी ईश्वर-प्रेरणा की दुहाई दिये जा रहे हैं। उत्तर प्रान्त के प्रधान मन्त्री पं. गोविन्दवल्लभ पन्त निस्संकोच जनता को समझाते हैं कि समाजवादी उम्मीदवारों को वोट देना उचित नहीं क्योंकि वे ईश्वर में विश्वास नहीं रखते। इसका अभिप्राय यही समझा जा सकता है कि पं. पन्त का विश्वास ईश्वर में होने के कारण उनका शासन ईश्वरीय प्रेरणा के अनुसार निर्दोष और जनता के लिए कल्याणकारी है।

सत्य-अहिंसा के सम्बन्ध में ईश्वर की प्रेरणा में परिवर्तन आ जाने के उदाहरणों से इतिहास भरा हुआ है। दास-प्रथा और अछूतों की समस्या के सम्बन्ध में ईश्वर-प्रेरणा का उल्लेख हम कर चुके हैं। इसी प्रकार हमारे देश में सती-प्रथा का उल्लेख किया जा सकता है। इससे बड़े परिमाण में हम प्रजा पर ईश्वर के प्रतिनिधि राजा के निरंकुश अधिकार के स्थान पर प्रजातन्त्र की भावना उत्पन्न हो जाना देखते हैं। ईश्वर की भूल-चूक न करनेवाली प्रेरणा का दावा करनेवाले गाँधी जी को ही हम सन् 1914-1918 के युद्ध में ईश्वर-प्रेरणा से राजभक्त के रूप में ब्रिटिश सरकार की सहायता के लिए रंगरूट भरती करते देखते हैं। सन् 1942 में ब्रिटिश साम्राज्यवादी को जापानी साम्राज्यशाही से हारते देखकर गाँधी जी को युद्ध-विरोधी व्यक्तिगत सत्याग्रह के आन्दोलन का उपदेश देते देखते हैं। ब्रिटिश सरकार के युद्ध की आयोजनाओं के कार्यक्रम का विरोध करने का अधिकार भी गाँधी जी ने केवल 'ईश्वर में विश्वास' रखनेवाले लोगों को ही दिया था यद्यपि उनका ऐसा आदेश निरी व्यक्तिगत तानाशाही और कांग्रेस के विधान का उल्लंघन ही था। इस आन्दोलन में भाग लेने के लिए ईश्वर में विश्वास की शर्त लगाना कांग्रेस के नियम के विरुद्ध था। ईश्वर में विश्वास साम्प्रदायिक प्रश्न है। कांग्रेस के नियमों में स्पष्ट उल्लेख है कि कांग्रेस साम्प्रदायिकता

में विश्वास नहीं करती। इस शर्त का अभिप्राय यही था कि जनता गाँधी जी के कार्यक्रम की परस्पर-विरोधी और असंगत बातों पर तर्क न कर उन्हें भगवान् की इच्छा मान स्वीकार कर ले। गाँधी जी के विचार में ईश्वर में विश्वास का अर्थ अन्धविश्वास ही था।

इतिहास में जहाँ हम ईश्वर-प्रेरणा में परिवर्तनों की परम्परा देखते हैं, वहाँ इस तथ्य की भी उपेक्षा नहीं कर सकते कि समाज की व्यवस्था में परिवर्तन की आवश्यकता आने पर पुरानी चली आयी व्यवस्था नयी विचारधारा का विरोध करने के लिए अपने-आपको ईश्वर-प्रेरणा का नाम देती आयी है। व्यवस्था के अधिकारी लोग या श्रेणी सदा ही अपने-आपको ईश्वर का प्रतिनिधि और व्यवस्था में परिवर्तन चाहनेवालों को ईश्वर-विरोधी बताते आये हैं। इसका कारण यह है कि समाज द्वारा स्वीकृत व्यवस्था और सत्य-अहिंसा की धारणाओं के बदलने की गति और समाज की (आर्थिक) परिस्थितियों के बदलने की गति बराबर नहीं रहती। समाज की आर्थिक परिस्थितियाँ बदल जाती हैं और पुरानी चली आयी व्यवस्था और सत्य-अहिंसा की धारणाओं में परिवर्तन की माँग करने लगती हैं। इसी कारण समाज में संघर्ष होता है जो पुरानी व्यवस्था को बदलकर सत्य-अहिंसा की नयी धारणाओं को मान्यता देता है।

विचारों के जन्म से पूर्व उन्हें जन्म दे सकनेवाली परिस्थितियों का होना आवश्यक होता है। उदाहरणतः इस देश के पुराने वर्णरहित समाज में जब श्रम के विभाजन को आवश्यक करनेवाली परिस्थिति पैदा हुई तो वर्णव्यवस्था पैदा हो गयी। जब राजा का एकच्छत्र राज आवश्यक था, राजभक्ति ईश्वरीय आज्ञा मानी गयी। जब दास-प्रथा समाज के लिए हानिकारक हो गयी, मनुष्यों की समानता की, न्याय की धारणा पैदा हो गयी। और जब राजा का एकच्छत्र राज समाज के लिए उपयोगी नहीं रहा, प्रजातन्त्र के प्राकृतिक ईश्वरदत्त अधिकार की न्याय की धारणा पैदा हो गयी। नयी परिस्थितियाँ पैदा हो जाने पर भी पुराने विश्वास और धारणाएँ घिसटती रहती हैं, उदाहरणतः आज भी अछूतों को अछूत बनाये रखने की धारणा का समर्थन करनेवाले, स्त्रियों की समानता के अधिकार का विरोध करनेवाले और समाज का कल्याण व्यक्तिगत तानाशाही द्वारा ही सम्भव माननेवाले लोग मिल जायेंगे।

मार्क्सवादी भौतिकवाद का कहना है कि समाज की व्यवस्था और सत्य-अहिंसा की नैतिक धारणा समाज की आर्थिक परिस्थितियों के अनुकूल होती है इसलिए समाज की आर्थिक परिस्थितियों में परिवर्तन हो जाने पर समाज के कल्याण के लिए उसकी सत्य-अहिंसा की धारणा और व्यवस्था में भी परिवर्तन हो जाना चाहिए। इसके विपरीत अध्यात्मवाद और गाँधीवाद की धारणा है कि समाज की व्यवस्था को पुराने समय से चली आयी धारणाओं और आदर्शों के अनुसार बाँधे रखना उचित है। यदि समाज इस सिद्धान्त पर चलेगा तो उसे अपनी परिस्थितियों के परिवर्तन को रोकना आवश्यक हो जायेगा परन्तु समाज परिस्थितियों के परिवर्तन को कभी रोक नहीं सका बल्कि समाज

स्वयं ही अपनी परिस्थितियों को बदल देता है। समाज में अन्तर्विरोध या संघर्ष इसलिए पैदा हो जाता है कि कायम व्यवस्था पर अधिकार जमाये श्रेणी अपना स्वार्थ पूरा करनेवाले अधिकारों को बनाये रखने के लिए सत्य-अहिंसा की व्यवस्था को परिस्थितियों के अनुकूल बदलने से रोकती है। यही काम आज हमारे समाज में गाँधीवाद कर रहा है। वह समाज में पूँजीपति श्रेणी द्वारा साधनहीन श्रेणी के शोषण की व्यवस्था को सत्य-अहिंसा, ईश्वर की प्रेरणा और रामराज्य का नाम देकर सुरक्षित रखना चाहता है।

अध्यात्मवादियों या गाँधीवादियों का विश्वास है कि मनुष्य समाज की व्यवस्था मनुष्य के विचारों और आदर्शों के अनुसार होती है और हमारे पुराने चले आये आदर्शों और सत्य-अहिंसा की धारणा के अनुसार ही समाज में रामराज्य की व्यवस्था होनी चाहिए। अपने आदर्शों के पुरानेपन के कारण उनकी श्रेष्ठता का दावा करनेवाले यह भूल जाते हैं कि रामराज्य से पूर्व भारतीय इतिहास के त्रेता-कृत युग में ग्राम, बस्तियाँ या कुल कृषि की भूमि के साझे मालिक होते थे। उस युग में कुल पैदावार का बँटवारा होता ही नहीं था। इस कारण कुल या समाज में अमीर-गरीब या सेवकों और स्वामियों की श्रेणियाँ बन जाने का अवसर नहीं था। उस समय समाज में वर्णों ब्राह्मण-क्षत्रिय-वैश्य-शूद्र का भी विभाजन नहीं हुआ था। समाज में कृषि और पैदावार के साधनों का विकास हो जाने पर, व्यापार और विनिमय के लिए पदार्थों की पैदावार बढ़ाने की आवश्यकता होने पर समाज को आर्थिक रूप से बाँटने की और पैदावार के साधनों को व्यक्तिगत सम्पत्ति स्वीकार करने की आवश्यकता अनुभव हुई। इसी परिस्थिति ने वर्णाश्रम धर्म और पैदावार के साधनों पर व्यक्ति के निरंकुश अधिकार की सत्य-अहिंसा या शासन की व्यवस्था और राजा के शासन, रामराज्य की व्यवस्था को जन्म दिया। पुरानेपन के आधार पर तो हमें वर्ग और श्रेणीरहित समाज को ही, जिसमें शासन का वर्तमान रूप था ही नहीं, आदर्श मानना होगा, रामराज्य के शासन को नहीं।

पैदावार के साधनों पर कुछ लोगों का व्यक्तिगत और वंशगत अधिकार और साधनहीन लोगों से करायी गयी पैदावार पर साधनों के मालिकों का अधिकार ही समाज को श्रेणियों में बाँट देता है और शासक तथा शासितों का भेद पैदा कर देता है। समाज को श्रेणियों में बाँटकर आर्थिक शोषण और शासन की व्यवस्था को निरंकुश रूप से कायम करना ही रामराज्य का लक्ष्य है। वर्गरहित समाज में आर्थिक विकास हो जाने पर यदि रामराज्य के आदर्श का जन्म हो सकता था और इसके बाद एकच्छत्र राजा के अबाध शासन के स्थान पर प्रजातन्त्र की भावना का जन्म हो सकता था तो क्रमशः आर्थिक विकास से पैदा हो गयी परिस्थितियों में एक और नयी श्रेणीरहित व्यवस्था का भी जन्म हो सकता है। समाज में औद्योगिक और यन्त्रों के विकास ने रामराज्य के काल से भिन्न नयी परिस्थितियाँ पैदा कर दी हैं, इस बात से कोई आँख रखनेवाला इन्कार नहीं कर सकता। यह नयी परिस्थितियाँ अपने अनुकूल नयी व्यवस्था की माँग कर रही

हैं। इस नयी व्यवस्था की स्थापना का उपाय और मार्ग श्रेणी-संघर्ष है। समाज के आर्थिक परिवर्तन हो जाने के कारण श्रेणी-संघर्ष अनिवार्य रूप से संसार भर में फैल चुका है। संसार के अनेक देशों में श्रेणी-संघर्ष द्वारा नयी श्रेणीरहित व्यवस्था सफलतापूर्वक कायम भी हो चुकी है। हमारा देश संसार की प्रगति से अलग नहीं रह सकता इसलिए नयी व्यवस्था की स्थापना का कार्यक्रम अर्थात् श्रेणी-संघर्ष यहाँ भी अनिवार्य है। श्रेणी-संघर्ष का अर्थ रक्तपात ही नहीं है। शोषित वर्ग पर्याप्त रूप से सचेत हो जायें तो वह रक्तपात का अवसर बचाकर भी व्यवस्था अपने हाथ में ले सकता है। समाज की शक्ति संघर्ष में नष्ट होने से बचने का एकमात्र उपाय यही है कि हम समाज की आधुनिक आर्थिक परिस्थितियों के अनुकूल नयी श्रेणीरहित आर्थिक व्यवस्था समाज में जल्दी-से-जल्दी चालू होने दें।

समाज से शोषण के अवसर और सम्भावना को दूर करने और शोषण से मुक्त श्रेणीरहित व्यवस्था समाज में कायम करने के यत्न और आन्दोलन का विरोध वही लोग कर सकते हैं जो शोषण के अवसर से लाभ उठा रहे हैं। शोषण के अवसर और अधिकार का लाभ साधनों की मालिक, भूमि की मालिक और पूँजीपति श्रेणी ही उठा रही है और केवल यही श्रेणी या इस श्रेणी के वकील मौजूदा व्यवस्था में सत्य-अहिंसा और न्याय की सम्भावना देख सकते हैं और इसे ईश्वर-प्रेरणा मान सकते हैं।

गाँधीवाद पूँजीवादी सत्य-अहिंसा की धारणा के अतिरिक्त और कुछ नहीं और इसीलिए वह पूँजीवादी नैतिक धारणा को बदल सकनेवाले श्रेणी-संघर्ष को अन्याय और हिंसा कहता है। गाँधी जी ने स्वयं कहा है—"मैंने किसी नये तत्त्व का आविष्कार नहीं किया है। सत्य-अहिंसा अनादिकाल से चले आये हैं।" वास्तव में ही गाँधीवाद ने किसी नये तत्त्व का आविष्कार न कर केवल सम्पत्ति की मालिक श्रेणी के अधिकारों का समर्थन ही किया है। इस श्रेणी के शासन का ही नाम रामराज्य है। रामराज्य का अर्थ है कि साधनों की मालिक शासक श्रेणी स्वयं प्रजा की रक्षा कर समाज का शासन इस प्रकार करे कि उनके शासन के विरोध का अवसर न आ सके। रामराज्य ऐतिहासिक रूप से जिस समय और जैसी परिस्थितियों का आदर्श रहा है उस समय साधनहीन श्रेणी के अधिकार का प्रश्न न कभी उठा था और न उठने की सम्भावना और कारण ही था। गाँधीवाद के अनुसार प्रजा के लिए रामराज्य का अर्थ शासक शक्ति के न्याय और दया में विश्वास रखकर शासन को अपनी इच्छा से सिर झुकाकर स्वीकार करते रहना है।

गाँधीवाद पूँजीपति श्रेणी के स्वार्थ की रक्षा करनेवाली सत्य-अहिंसा की पुरानी धारणा पर शाश्वत होने और उसके ईश्वर की आज्ञा होने की मोहर लगाकर नयी व्यवस्था, श्रेणीरहित आर्थिक व्यवस्था की स्थापना का विरोध करता है। गाँधीवाद का कहना है कि वह समाज में श्रेणी-संघर्ष नहीं चाहता, अहिंसा और श्रेणी-मैत्री चाहता है। श्रेणी-संघर्ष तभी अनुभव होता है जब मेहनत करनेवाली श्रेणी पूँजीपति श्रेणी के

शोषण के अधिकार और बन्धनों को तोड़कर स्वतन्त्र होने का यत्न करती है। पूँजीपति श्रेणी, पैदावार के साधनों पर अपनी मिल्कियत होने के कारण ही मेहनत करनेवाली श्रेणी का शोषण कर सकती है। मेहनत करनेवाली श्रेणी के पास शोषण के बन्धन से मुक्त होने का एक ही उपाय है—पैदावार के साधनों पर से पूँजीपति श्रेणी की एकमात्र मिल्कियत हटाकर उन्हें सम्पूर्ण समाज की साझी मिल्कियत बना देना। इसका अर्थ यह नहीं है कि पूँजीपति श्रेणी को साधनहीन बना दिया जाय या उनकी हिंसा की जाय। इसका अर्थ है कि सम्पूर्ण समाज समान और सामूहिक रूप से पैदावार के साधनों का स्वामी हो जाय, किसी को भी हिंसा का अवसर न रहे। समाज की आर्थिक व्यवस्था में यह परिवर्तन हो जाने पर समाज में साधनवान् और साधनहीन का भेद या शोषण के अवसर की परिस्थितियाँ न रहेंगी परन्तु गाँधीवाद श्रेणी-संघर्ष को हिंसा बताकर उसका विरोध करता है।

समाज में शोषण है, विषमता है, इस बात से गाँधीवाद इनकार नहीं कर सकता परन्तु जब शोषित लोग इस शोषण और विषमता से मुक्ति का यत्न करते हैं तो गाँधीवाद उनके प्रयत्न को हिंसा का नाम देकर उसका विरोध करता है। गाँधीवाद के अनुसार पूँजीपति श्रेणी के हाथ में मेहनत करनेवाली श्रेणी के शोषण का अवसर और अधिकार रहना अहिंसा है। और समाज के पैदावार के साधनों पर सम्पूर्ण समाज का समान अधिकार होकर शोषण का अवसर न रहने देने का यत्न हिंसा है। गाँधीवाद का दावा है कि श्रेणी-संघर्ष द्वारा समाज की आर्थिक व्यवस्था में परिवर्तन किये बिना, पैदावार के साधनों पर से पूँजीपति श्रेणी की मिल्कियत हटाये बिना ही हृदय-परिवर्तन, श्रेणी-मैत्री और रामराज्य द्वारा समाज से शोषण और विषमता मिट सकती है।

व्यावहारिक और क्रियात्मक रूप में हृदय-परिवर्तन, श्रेणी-मैत्री और रामराज्य का क्या अर्थ होता है? समाज में हिंसा, विषमता और शोषण दूर करने के लिए श्रेणी-मैत्री और हृदय-परिवर्तन के लिए समाज की साधनवान् और साधनहीन श्रेणियों को गाँधीवाद का क्या उपदेश है? साधनवान् श्रेणी को गाँधीवाद का उपदेश है कि वे लोभ और स्वार्थ का त्याग करके साधनहीन श्रेणी पर दया करें। अपनी पूँजी या मिल्कियत का इस प्रकार उपयोग करें कि उससे गरीब, साधनहीन श्रेणी का भला हो? पूँजीपतियों को चाहिए अपने-आपको सामाजिक सम्पत्ति का संरक्षक मात्र ही समझें। अर्थात् पूँजीपति श्रेणी साधनहीन श्रेणी पर दया करे, उनकी पालना करे, अपने-आपको साधनों की संरक्षक मात्र समझे परन्तु साधनों पर स्वामित्व या शासन का अधिकार पूँजीपति श्रेणी का ही रहे।

गाँधी जी के त्याग के उपदेश में पूँजीपति श्रेणी को यह आदेश नहीं है कि यह श्रेणी समाज के कल्याण के लिए पैदावार के साधनों को अपने व्यक्तिगत स्वार्थ के नियन्त्रण से निकालकर सामाजिक सम्पत्ति बना दे। साधनहीन श्रेणी के प्रति दया और उन्हें सन्तुष्ट रखने का उपदेश इसलिए है कि साधनहीन श्रेणी पूँजीपति श्रेणी की मिल्कियत

की व्यवस्था में अपना जीवन असम्भव हो रहा देखकर इस व्यवस्था को पलटने का यत्न न करे।

पूँजीपति श्रेणी को शोषण के अधिकारों के त्याग का उपदेश नहीं, केवल अपने ठाठ-बाट और भोग में कमी करने का उपदेश है। इस उपदेश का कारण है, साधनहीन श्रेणी के असन्तोष के कारण पूँजीपति श्रेणी के अधिकारों के लिए बढ़ता हुआ खतरा! प्रयोजन है, समाज की व्यवस्था पर पूँजीपति श्रेणी के अधिकार की रक्षा। साधनहीन श्रेणी के ईश्वर में और परम्परागत धारणाओं में चले आये विश्वास का लाभ उठाकर उनके लिए गाँधीवाद का उपदेश है—"उनकी सच्ची भलाई धर्म का पालन करने में है। उन्हें ईश्वर का ज्ञान होना चाहिए, इनके लिए सत्य-अहिंसा का पालन आवश्यक है। इसी का दूसरा नाम प्रेम है। जहाँ प्रेम है, वहाँ जीवन है। जहाँ घृणा है वहाँ नाश है।"

साधनहीन श्रेणी की सच्ची भलाई किस धर्म के पालन में है? गाँधीवाद के अनुसार वह धर्म परम्परा से चला आया स्वामी की सेवा और भक्ति का धर्म है। सत्य-अहिंसा के पालन का अर्थ है, पूँजीवादी समाज में कायम आर्थिक व्यवस्था के अनुसार अपने शोषण को सहते जाना।

प्रेम का अर्थ है, शोषण का विरोध न कर पूँजीपति श्रेणी के सुख और अधिकार-भोग का साधन बने रहकर सन्तुष्ट रहना। इसी प्रेम को गाँधीवाद साधनहीन श्रेणी के लिए जीवन का मार्ग बताता है। गाँधीवाद के अनुसार घृणा का अर्थ है, साधनहीनों का पूँजीवादी श्रेणी के शोषण की व्यवस्था को तोड़कर आत्मनिर्णय का अधिकार पाने का यत्न करना। गाँधीवाद साधनहीन श्रेणी को पूँजीवादी शोषण की व्यवस्था से घृणा न करने और परिणाम में अपनी मुक्ति का यत्न न करने का उपदेश देता है। इस उपदेश का प्रयोजन है कि साधनहीन श्रेणी समाज में मौजूद पूँजीवादी व्यवस्था पर चोट न करे। जिस ओर से देखिये गाँधीवाद का लक्ष्य पूँजीवादी व्यवस्था की रक्षा ही है।

व्यावहारिक क्षेत्र में हृदय-परिवर्तन का क्या अर्थ हो सकता है? मनुष्य के हृदय की भावना या विचार उसके जीवन के ढंग से भिन्न नहीं हो सकते। पूँजीपति श्रेणी पैदावार के साधनों का उपयोग किस प्रकार करेगी, यह इस बात पर निर्भर करता है कि पैदावार के साधनों पर स्वामित्व या अधिकार किया क्यों जाता है? पूँजीपति पैदावार के साधनों पर इस प्रयोजन से अधिकार करते हैं कि जीवन के लिए आवश्यक, उपयोगी पदार्थ उन्हें अधिक-से-अधिक परिणाम में मिलते रहें। पूँजीपति पैदावार के उतने ही साधनों पर अधिकार नहीं करता जितने से कि वह स्वयं मेहनत कर निर्वाह के लिए आवश्यक पदार्थ उत्पन्न कर सके। पूँजीपति पैदावार के अधिक-से-अधिक साधन अपने वश में करके दूसरे लोगों को साधनहीन बनाना आवश्यक समझता है। इसका प्रयोजन होता है कि वह स्वयं पैदावार के श्रम से बचे और साधनहीनों को निर्वाह योग्य पैदावार करने के लिए अवसर देने के मूल्य में उनके श्रम के फल का अधिक-से-अधिक भाग हथिया सके।

पैदावार के साधनों पर अधिकार केवल दूसरे के श्रम से अपनी आवश्यकताएँ पूर्ण करने का ही साधन नहीं बल्कि समाज में शासन के अधिकार का भी साधन है इसलिए पूँजीपति लोग पैदावार के साधनों पर अपना अधिकार बढ़ाते ही चले जाते हैं और दूसरे लोगों को साधनहीन बनाकर अपने वश में रखना भी आवश्यक समझते हैं। समाज के पैदावार के साधनों पर अधिकार कर दूसरों को साधनहीन बनाने का प्रयोजन ही साधनहीनों का शोषण और दमन है। पूँजीपति श्रेणी पूँजी जमा करने के इस प्रयोजन की उपेक्षा कैसे कर सकती है। उसमें हृदय-परिवर्तन का अवसर कहाँ? पूँजीपति की परिस्थितियों में परिवर्तन होने से ही उसका हृदय-परिवर्तन हो सकता है। इस क्रम का परिणाम हम पूँजीवाद समाज में स्पष्ट देख रहे हैं। अमरीका और इंग्लैण्ड के विस्तृत साम्राज्यों का शासन उन देशों के सबसे समृद्ध दो-तीन सौ परिवारों के ही हाथ में है। भारत में भी 'राष्ट्रीय' शासन कायम हुए अभी तीन ही वर्ष हुए हैं परन्तु देश की नीति और शासन की बागडोर कुछेक बड़े-बड़े पूँजीपतियों ने सँभाल ली है। प्रकट में देश के शासन और मन्त्रीपद की गद्दी वे बेशक न सँभालें; इस बात की उन्हें जरूरत भी नहीं क्योंकि शासन के पदों पर बैठे लोग इन पूँजीपतियों के 'प्यादे' ही हैं।

पूँजीवाद की भावना, समाज के साधनों पर व्यक्तिगत अधिकार जमाकर समाज की व्यवस्था पर कुछ व्यक्तियों का नियन्त्रण रखने की नीति, बहुजन के हित प्रजातन्त्र और जनतन्त्र की भावना की मूलतः विरोधी है। कुछ आदमियों का समाज के सम्पूर्ण साधनों को समेट लेना और शेष का साधनहीन होकर साधनवानों की दया और न्याय की भावना पर निर्भर करने का सिद्धान्त शक्ति और अवसर की असमानता और दमन की नींव पर बना हुआ है। असमान नींव पर बनायी गयी सामाजिक व्यवस्था में जनतन्त्र की समानता कभी सम्भव नहीं हो सकती। ऐसी अवस्था केवल साधनवानों के निरंकुश शक्ति प्रयोग और साधनहीनों के पूर्ण दमन पर ही कायम रह सकेगी। साधनहीनों के निरंकुश दमन और साधनवानों की तानाशाही को सत्य-अहिंसा का नाम देने के लिए ही गाँधीवाद रामराज्य को मान्यता देता है; जिसका आदर्श स्वामी वर्ग के सम्मुख प्रजा का पूर्ण दासत्व है।

गाँधीवाद का यह उपदेश कि पूँजीपति श्रेणी पैदावार के साधनों पर अधिकार तो जरूर रखे और इस अधिकार से अपना स्वार्थ पूरा न कर मेहनत करनेवाली श्रेणी का हित करे, किसी प्रकार व्यावहारिक नहीं हो सकता। गाँधीवाद को समाज के कल्याण का मार्ग बतानेवाले, और गाँधीवाद के प्रचार के लिए लाखों रुपया दान करनेवाले किसी भी पूँजीपति ने अपने औद्योगिक व्यवसाय के विस्तार को कम करने की बात नहीं सोची, विपरीत इसके कि वे लोग समाज पर अपना आर्थिक नियन्त्रण बढ़ाने और उसे मजबूत बनाने के लिए अपने उद्योगों को बढ़ाते ही जा रहे हैं।

किसी भी शस्त्र या अधिकार को रखने का प्रयोजन उसका उपयोग ही होता है। यदि पूँजीपति श्रेणी पैदावार के साधनों पर स्वामित्व और समाज पर शासन के अधिकार से

साधनहीन श्रेणी के शोषण द्वारा अपना स्वार्थ पूरा करने का उद्देश्य छोड़ दे तो साधनों के स्वामित्व की जिम्मेदारी उनके लिए केवल संकटमात्र ही रह जायेगी। गाँधी जी ने पूँजीपति श्रेणी को चतुरता का यह उपदेश दिया है कि इस श्रेणी को अपने भोग-विलास और ठाठ-बाट की अपेक्षा अपने शासन के अधिकार को ही अधिक महत्त्व देना चाहिए। इसीलिए वे इस श्रेणी को साधनहीन श्रेणी के प्रति अपनी दयालुता पर विश्वास दिलाने का उपदेश देते हैं। उनका व्यक्तिगत त्याग भी अपने विचारों के प्रति जनता में विश्वास उत्पन्न करने का सफल साधन था और उनके सत्य-अहिंसा सम्बन्धी विचार अपनी श्रेणी के प्रभुत्व की रक्षा के साधन ही थे।

समाज की आर्थिक व्यवस्था और परिस्थितियों में परिवर्तन किये बिना यदि पूँजीपति श्रेणी के हृदय-परिवर्तन से समाज के शोषण, विषमता और हिंसा का उपाय हो सके तो इसका अर्थ होगा कि पूँजीपति श्रेणी द्वारा साधनहीनों का शोषण और दमन समाज की आर्थिक परिस्थितियों के कारण नहीं है। पूँजीपति श्रेणी के विचार, उनके हृदय की भावना और उनके व्यवहार समाज की आर्थिक परिस्थितियों से स्वतन्त्र हैं साधनहीनों का शोषण समाज की पूँजीवादी आर्थिक व्यवस्था का परिणाम नहीं, पूँजीपतियों के स्वभाव की दुष्टता के कारण है, जो समाज की आर्थिक व्यवस्था में परिवर्तन किये बिना गाँधीवाद के उपदेशों से दूर की जा सकती है। पूँजीपति श्रेणी में यदि अनेक 'रावण' हैं तो कई 'राम' भी पैदा हो सकते हैं। यह 'राम' ही अपनी तानाशाही से प्रजा या साधनहीन श्रेणी का उद्धार करेंगे। साधनहीन श्रेणी का शासन पर अधिकार करने का प्रयत्न 'राम' के प्रति विद्रोह है। यह गाँधीवाद का आध्यात्मिक जाल है जो समाज की भौतिक आर्थिक परिस्थितियों को और समाज के श्रेणी रूप को छिपाने का प्रयत्न है। इस आध्यात्मिक प्रपंच का व्यावहारिक अर्थ होता है, पूँजीपति श्रेणी की न्याय बुद्धि और दयालुता पर निर्भर रहने की प्रेरणा, साधनहीन जनता को यह विश्वास दिलाना कि पूँजीवादी व्यवस्था में गाँधी, नेहरू और पटेल-जैसे 'राम' हैं, उनके शासन में ही तुम्हारा हित है। साधनहीन श्रेणी का आत्मनिर्णय की बात सोचना भगवान् की प्रेरणा और सत्य-अहिंसा के विरुद्ध है।

समाज के शोषण को पूँजीपति श्रेणी के शासन का अनिवार्य परिणाम न मानकर पूँजीवादी व्यवस्था के दयालु 'राम' पर भरोसा करने की कल्पना का परिणाम क्या होगा? आप किसी भी न्यायप्रिय और दयालु पूँजीपति व्यक्ति का उदाहरण ले लीजिये। यह दयालु पूँजीपति अपने मजदूरों की अवस्था सुधारने के लिए उन्हें अधिक मजदूरी देना चाहता है। दूसरे पूँजीपतियों की अपेक्षा अधिक मजदूरी देने के कारण या तो वह अपना सौदा महँगा बेचेगा या कम मुनाफे से सन्तोष करेगा। यदि ऐसा पूँजीपति सौदा महँगा बेचता है तो वह दूसरे पूँजीपतियों के मुकाबिले में ठहर नहीं सकता। यदि मुनाफा कम

लेता है तो पूँजीपति के रूप में उसकी शक्ति क्षीण होती जाती है और दूसरे पूँजीपति उसे अपनी श्रेणी का 'विभीषण' समझकर उसे बाजार से उखाड़ देते हैं। इंग्लैण्ड का प्रसिद्ध राबर्ट ओवन ऐसा परीक्षण करके अपनी असफलता का उदाहरण छोड़ गया है।

पूँजीवादी व्यवस्था में वही पूँजीपति सफल हो सकता है जो मुनाफा कमाने के सिद्धान्त और समाज के श्रम को पूँजी का रूप देकर अपनी शक्ति बढ़ाने की राह पर चले। पूँजीपति का बल उसके शोषण की शक्ति में है, उसके हृदय की दयालुता में नहीं। पूँजीवादी शासकों की योग्यता पूँजीवादी व्यवस्था को दृढ़तापूर्वक लागू करने में है। उनकी दयालुता शोषण के नियम को बदल नहीं देगी अलबत्ता शोषण को कुछ समय के लिए सह्य बनाने की बात सोच सकती है, जिसका उद्देश्य साधनहीन श्रेणी का हित नहीं बल्कि पूँजीवादी व्यवस्था को खतरे से बचाना होगा। भौतिकवादी मार्क्सवाद व्यक्ति के विचारों और व्यवहार को परिस्थितियों से स्वतन्त्र नहीं मानता और न परिस्थितियों को बदले बिना व्यक्तिगत हृदय-परिवर्तन में और न व्यक्तिगत हिंसा में भरोसा रखता है।

समाज में पूँजीवादी आर्थिक व्यवस्था का शासन रहते यदि कोई सुधारवादी सरकार पूँजीपति श्रेणी के निर्णय के विरुद्ध चलती है तो पूँजीपति श्रेणी आर्थिक व्यवस्था की शासक होने के कारण ऐसी सरकार को अर्थसंकट में डालकर उसका शासन असम्भव कर देती है। ऐसी अवस्था में यदि शोषण के कारण को मिटाने के लिए सरकार का दृढ़ निश्चय है तो उसे सर्वसाधारण जनता के सहयोग से समाज के पैदावार के साधनों पर से पूँजीपति श्रेणी का नियन्त्रण घटाना या दूर कर देना पड़ेगा। जो सरकार समाज के पूँजीपति वर्ग के निर्णय पर निर्भर करेगी वह समाज को शोषण से कभी मुक्त नहीं कर सकेगी। ऐसी सरकार के प्रजा-हित और राष्ट्रीयकरण के वायदे केवल जनता को धोखा देने के प्रयोजन से होंगे। इसका उदाहरण गाँधीवादी कांग्रेस के राष्ट्रीयकरण के प्रस्ताव हैं। पूँजीपति श्रेणी के नियन्त्रण में कांग्रेसी सरकार बनते ही कांग्रेस के राष्ट्रीयकरण के प्रस्ताव स्थगित कर दिये गये और फिर भुला दिये गये। कांग्रेस ने सन् 1931 के कराची अधिवेशन में उद्योगों के राष्ट्रीयकरण का प्रस्ताव पास किया था परन्तु उद्योगों का राष्ट्रीयकरण स्थगित करने का प्रस्ताव कांग्रेस ने कभी पास नहीं किया। कांग्रेसी सरकार उद्योगों का राष्ट्रीयकरण स्थगित कर चुकी है। यह कांग्रेसी सरकार का कांग्रेस को पूँजीपतियों की तानाशाही के अधीन कर देना नहीं तो क्या है? गाँधीवादियों ने सरकार के इस कार्य का कभी विरोध नहीं किया। जिन गाँधीवादियों ने कांग्रेस की इस नीति का विरोध किया उन्हें कांग्रेस छोड़कर अपने नये संगठन उदाहरणतः प्रजा सोशलिस्ट दल इत्यादि अलग बनाने पड़े। इससे स्पष्ट है कि गाँधीवाद का उद्देश्य इस देश में पूँजीपति श्रेणी के शासन की स्थापना ही था जो जनता के प्रति

विश्वासघात करके समाज की आर्थिक व्यवस्था का नियन्त्रण पूँजीपति श्रेणी को सौंपकर पूरा कर दिया गया है।

ब्रिटिश साम्राज्यशाही से देश का शासन अपने हाथ में पाने के बाद कांग्रेस की रामराजी सरकार ने पाँच वर्ष तक इस देश की पूँजीपति श्रेणी का कौशल अथवा हृदय-परिवर्तन द्वारा जनता की भूख और बेकारी का उपाय करने का अवसर दिया। एटली के कथनानुसार भारत को कम्युनिज्म और समाजवाद के प्रभाव से बचाने के लिए दूसरे पूँजीवादी राष्ट्रों ने भी शोषण की आर्थिक व्यवस्था में समाजवादी प्रभाव न आने देने के लिए उधार के रूप में सहायता दी। परन्तु जनता के शोषण का प्रयोजन लिये यह प्रयत्न जनता की अवस्था सुधारने में सहायक नहीं हो सकते थे। अन्ततः रामराजी सरकार को उत्पादन के साधनों का राष्ट्रीयकरण करके जनता की बेकारी दूर करने और जनता की आवश्यकताएँ पूर्ण करने के उपाय को अपनी पंचवर्षीय योजनाओं में स्थान देना पड़ा। परन्तु राष्ट्रीय नियन्त्रण में उत्पादन करने का काम बहुत बेमने ढंग से किया जा रहा है। राष्ट्रीय नियन्त्रण में आरम्भ किये गये उद्योग-धन्धों को सफल बनाने का काम ऐसे लोगों के हाथ में दिया जा रहा है जो पूँजीपति व्यवस्था में विश्वास रखते हैं। उसके परिणाम भी सामने आ रहे हैं कि राष्ट्रीय नियन्त्रण में किये गये पैदावार को आर्थिक दृष्टि से असफल बनाया जा रहा है।

गाँधी जी साधनों की मालिक श्रेणी के अधिकारों की रक्षा ही सत्य-अहिंसा समझते थे, यह उ. प्र. की जमींदारी एसोसियेशन के प्रतिनिधि-मण्डल को गाँधी जी द्वारा दिये आश्वासन से स्पष्ट है। जनता की माँग के दबाव के कारण जब प्रथम कांग्रेसी शासन के समय (1937-1940) जमींदारी उन्मूलन का प्रश्न उठ रहा था, गाँधी जी ने इस प्रतिनिधि-मण्डल को आश्वासन दिया था–"यदि सम्पत्ति की मालिक श्रेणी से उनकी सम्पत्ति बिना किसी न्यायपूर्ण कारण के छीनी जायेगी तो उस कार्यक्रम से मेरा कोई सम्बन्ध नहीं होगा। आप लोग विश्वास रखिये कि मैं अपनी पूरी शक्ति और प्रभाव से श्रेणी-संघर्ष का विरोध करता रहूँगा। यदि किसी अवस्था में आपकी सम्पत्ति अन्यायपूर्ण ढंग से छीनी जायेगी, उस समय मैं आपकी रक्षा के लिए तैयार रहूँगा।"[1] यह है गाँधीवाद की निष्पक्ष बुद्धि से सत्य-अहिंसा की परख।

इस वक्तव्य में 'न्यायपूर्ण' और 'अन्यायपूर्ण' शब्द केवल प्रपंच मात्र हैं। जिस भूमि पर जमींदार मेहनत नहीं करता, जिसे जमींदार ने अपने श्रम से तैयार नहीं किया, उस पर जमींदार का अधिकार किस न्याय से हो सकता है? और जमीन पर अधिकार के कारण किसान के श्रम से होनेवाली पैदावार का बड़ा भाग जमींदारी को दिला देना कैसे न्याय हो सकता है? गाँधी जी की दृष्टि से न्याय का अर्थ है, सम्पत्ति पर अधिकार और

1. M. K. Gandhi, Interview to Deputation of U. P. Zamindars, P. 62.

इस अधिकार से बिना श्रम किये मुनाफा कमाने का अवसर। ऐसा न्याय ही रामराज्य के न्याय का आधार है। गाँधीवाद के इस आदर्श को सामने रखकर उ. प्र. की गाँधीवादी सरकार ने जमींदारों को बरसों तक अन्यायपूर्ण लूट करते रहने के पुरस्कार में मुआवजा या इनाम देकर जमींदारी उन्मूलन के नाटक से जनता को धोखा दिया है, वह जनता के सामने ही है।

शोषक और शोषित श्रेणी में मैत्री का अर्थ केवल शोषितों का अपने शोषण और दासता को चुपचाप सहकर उसका विरोध न करना ही हो सकता है, यही रामराज्य की व्यवस्था है। शोषित श्रेणी अपने शोषण को सहती रही है परन्तु उनका शोषण अब पराकाष्ठा को पहुँच गया है। पैदावार के छोटे-मोटे साधन अपने पास रखकर अपना निर्वाह करनेवाली मध्यम श्रेणी को पूँजीवादी औद्योगिक विस्तार ने समाप्त कर दिया है। आज लुहार लोहे की मिल का मजदूर बनकर, जुलाहा कपड़े की मिल का मजदूर बनकर और अपना इक्का हाँकनेवाला बस कम्पनी या रेलवे की मजदूरी करके ही जिन्दा रह सकता है। व्यापार भी धीरे-धीरे बड़े व्यवसायियों और कारोबारी कम्पनियों के एकच्छत्र शासन में सिमटता जा रहा है। मलाई की बर्फ बनाकर बेचनेवाले अब आइसक्रीम कम्पनी की रेढ़ी चलाते हैं और रेवड़ी तथा छोटी-मोटी मिठाई बनाकर बेचनेवाले मीठी गोलियाँ बनानेवाली कम्पनी का माल बेचते हैं। इन छोटे-मोटे कारोबारों का अस्तित्व शीघ्र ही मिटता जा रहा है और समाज स्पष्ट रूप से शोषितों और शोषकों की श्रेणियों में बँटता चला जा रहा है।

गाँधीवाद ने औद्योगिक विस्तार द्वारा शोषित श्रेणी की संख्या में बढ़ती होने और शोषित श्रेणी की शक्ति की वृद्धि में पूँजीवाद के लिए खतरे को अनुभव किया और इस कारण औद्योगिक विस्तार को रोकने और गृह-उद्योग द्वारा समाज की आवश्यकता पूर्ण करने की अयुक्ति-युक्त बातें भी चलायीं। परन्तु उनका कोई प्रभाव देश के आर्थिक कार्यक्रम पर नहीं पड़ सका क्योंकि यह सुझाव समाज के स्वाभाविक आर्थिक विकास के विरुद्ध थे। करोड़ों रुपया अखिल भारतीय चर्खा संघ और गाँधी-आश्रमों को चलाने के लिए फूँक दिया गया। इस रुपये से कुछ समय तक गाँधी अनाथालयों में खद्दर की पैदावार और उन्नति के नाम पर कुछ गाँधी भक्तों का पालन होता रहा परन्तु अब चन्दे का धन समाप्त हो जाने पर वे टिमटिमाकर बुझते जा रहे हैं। आज खद्दर की बिक्री सरकारी नौकरों के हाथ जबरदस्ती खादी हुण्डियाँ बेचकर की जाती है। गाँधी आश्रमों को चालू रखने के लिए गाँधीवादी सरकार रुपये में तीन आना सरकारी खजाने से घाटा पूरा करने के लिए दे रही है।

गाँधीवाद को श्रेणी-संघर्ष द्वारा समाज की व्यवस्था के परिवर्तन में हिंसा की सम्भावना दीखती है परन्तु पूँजीवादी व्यवस्था के परिणामस्वरूप आर्थिक संकट द्वारा होनेवाली मानवता की निरन्तर हिंसा उसे नहीं दिखायी देती। गाँधीवाद का दृष्टिकोण

पूँजीवाद के हित में इतना स्वार्थपूर्ण और संकीर्ण है कि वह पूँजीपति श्रेणी के शोषण के अधिकार की रक्षा के लिए मानवता की हिंसा को भी न्याय मान लेने का उपदेश देता है। भारत के राजनैतिक संघर्ष में गाँधीवाद का काम व्यवस्था में क्रान्ति की सम्भावना को रोककर पूँजीपति श्रेणी के स्वार्थों और अधिकारों की रक्षा करना ही रहा है।

स्वतन्त्रता और आत्म-निर्णय का अधिकर पाने के भारतीय प्रजा के लिए ब्रिटिश शासन के विरुद्ध संघर्ष में सन् 1919, 1922, 1931 और 1941-42 में ऐसे अवसर आये कि भारतीय प्रजा की शक्ति ब्रिटिश व्यवस्था को उखाड़कर फेंक सकती थी। ऐसे अवसरों पर गाँधी जी ने सदा ही ब्रिटिश शासन शक्ति के टूटकर गिरने के साथ देश में अव्यवस्था छा जाने की आशंका अनुभव की। अपनी इस आशंका को गाँधी जी ने इस प्रकार प्रकट किया था। I hope I am not expected knowingly to undertake a fight that must end in anarchy and red ruin (अर्थात्–"मुझसे यह आशा नहीं की जा सकती कि मैं जान-बूझ कर ऐसा संघर्ष चलाऊँ जिसका अनिवार्य परिणाम अव्यवस्था और लाल-विध्वंस हो!")[1] अव्यवस्था और लाल-विध्वंस शब्दों का अर्थ यहाँ स्पष्ट ही समाजवादी क्रान्ति द्वारा पूँजीवादी व्यवस्था टूटने से है। जन-क्रान्ति द्वारा ब्रिटिश शासनव्यवस्था टूटने में गाँधी जी को सदा ही समाजवादी क्रान्ति द्वारा पूँजीपति श्रेणी के अधिकार छिन जाने का भय रहता था। ऐसे लाल-विध्वंस तथा अव्यवस्था के भय से उन्होंने भारतीय जनता के स्वतन्त्रता संघर्ष के आक्रमण को रोककर अनेक बार ब्रिटिश शासन की सहायता की।

गाँधीवाद को ब्रिटिश शासनव्यवस्था टूटने के परिणाम में किस प्रकार की अव्यवस्था और लाल-विध्वंस का भय था? गाँधी जी के सामने रूस की 1917 की समाजवादी क्रान्ति और उसके संसार व्यापी प्रभाव का उदाहरण मौजूद था। जारशाही को समाप्त करनेवाली रूस की समाजवादी क्रान्ति ने उस व्यवस्था की आधार आर्थिक व्यवस्था को भी पलटकर समाजवादी व्यवस्था कायम कर दी थी, क्योंकि शोषण से जनता की मुक्ति का केवल यही उपाय था। गाँधी जी अच्छी तरह जानते थे कि क्रान्ति द्वारा ब्रिटिश शासन टूटने के परिणाम में इस शासन का आधार देश की पूँजीवादी व्यवस्था भी टूटेगी। देश की जनता में पूँजीवाद के प्रति असन्तोष और विरोध की भावना उन्हें चारों ओर दिखायी दे रही थी। वे देश के किसानों और मजदूरों में आर्थिक व्यवस्था में क्रान्ति की इच्छा और प्रयत्न को स्पष्ट अनुभव कर रहे थे। उनकी राजनैतिक चतुरता यही थी कि देश के राजनैतिक संघर्ष का नेतृत्व साधनहीन श्रेणी के हाथ न जाने पाये। इसीलिए गाँधी जी ने 1921 में ही चेतावनी दे दी थी–"अनेक मज़दूर नेता समझते हैं कि राजनैतिक उद्देश्य के लिए मज़दूरों का हड़ताल करना उपयोगी हो सकता है परन्तु

---

1. Harijan, April, 1941.

मेरी राय में ऐसे उद्देश्य के लिए मज़दूरों का हड़ताल करना बहुत ही भारी (most serious) भूल होगी। इसी प्रकार यह जानते हुए भी कि सरकार को परास्त करने का उपाय भूमि-कर अदा न करना है, वे सदा इस कार्यक्रम का विरोध करते रहे।''[1]

इतना ही नहीं, गाँधी जी यह खूब जानते थे कि जनता का राजनैतिक दृष्टि से सचेत अंग आर्थिक क्रान्ति चाहता है। वे यह भी जानते थे कि समाजवादी आदर्शों का विरोध करने से साधनहीन जनता उनके आध्यात्मिक जादू को ठुकरा देगी इसलिए उन्होंने समाजवाद और कम्युनिज्म के आदर्श को स्वीकार करने का भी ऐलान कर अपने-आपको संसार का सबसे बड़ा कम्युनिस्ट और समाजवादी बताने में संकोच नहीं किया। परन्तु समाजवाद की प्राप्ति के लिए ऐसे उपाय बताये जिनसे पूँजीवाद की ही रक्षा हो सकती थी। उनका उपदेश था—''हमारे समाजवाद और कम्युनिज्म का आधार अहिंसा पर और पूँजीपति तथा साधनहीन श्रेणियों की मैत्री पर होना चाहिए।''[2] गाँधीवाद की अहिंसा, हृदय-परिवर्तन और श्रेणी-मैत्री के उपदेशों की वास्तविकता पर हम पहले विचार कर चुके हैं। पूँजीवाद की रक्षा के इन साधनों को समाजवाद और कम्युनिज्म का आधार बनाने के उपदेश का प्रयोजन जनता को गुमराह करने के सिवा और क्या हो सकता था?

गाँधी जी के स्वराज्य का आदर्श था, देश में आर्थिक और राजनैतिक क्रान्ति न होने देकर ब्रिटिश शासक-शक्ति और भारत की पूँजीपति श्रेणी के बीच एक समझौते द्वारा देश का शासन इस देश की पूँजीपति श्रेणी के हाथ में ले लेना। इसी उद्देश्य से वे सदा ही आन्दोलन आरम्भ या समाप्त करते समय ब्रिटिश सरकार को चेतावनी देते रहते थे—''समझौते का द्वार खुला है।''[3] पूँजीवादी व्यवस्था टूटकर पूँजीपति श्रेणी के हाथ से समाज के शासन का अधिकार छिन जाने की अपेक्षा, इस देश की साधनहीन श्रेणी के शासन की अपेक्षा, गाँधी जी की दृष्टि में ब्रिटिश पूँजीपति श्रेणी का साधन ही श्रेय था। इसीलिए गाँधी जी सत्य-अहिंसा के नाम पर, जो कि वास्तव में पूँजीवादी आर्थिक व्यवस्था की रक्षा थी, जन-क्रान्ति के आक्रमण से ब्रिटिश शासन की रक्षा करते रहे। अन्त में अन्तरराष्ट्रीय परिस्थितियों के कारण ब्रिटिश साम्राज्यशाही को उपनिवेशों में अपने सहायक ढूँढ़ने की आवश्यकता अनुभव होने के कारण, गाँधी जी और इस देश की पूँजीपति श्रेणी को ब्रिटिश शासक शक्ति से समझौता कर शासन का अधिकार समेट लेने का अवसर मिल गया।

साधनहीन श्रेणी के आत्मनिर्णय का अधिकार पाने के संसारव्यापी संघर्ष के विरुद्ध ब्रिटिश साम्राज्यशाही और भारत के गाँधीवादी पूँजीपति श्रेणी का यह समझौता इस देश पर 'राष्ट्रीय स्वतन्त्रता' के नाम से लाद दिया गया है परन्तु इस व्यवस्था में जनता ने

1. Young India, 16 Feb, 1921.
2. Ibid, 19 Jan, 1921.
3. An autobiography, J. Nehru, 1937, p. 525.

न तो भूख से, न बेकारी से स्वतन्त्रता पायी है न दमन से। यह शासन गाँधीवाद के उद्देश्य, पूँजीवाद की रक्षा को साधनहीन श्रेणी के निरंकुश दमन द्वारा पूरा कर रहा है। गाँधीवाद ने जैसे स्वतन्त्रता के संघर्ष में जनता के हाथ में अधिकार आने के अवसर के प्रति विश्वासघात किये हैं वैसे ही भारत की मौजूदा गाँधीवादी पूँजीवादी राष्ट्रीय सरकार देश और राष्ट्र के कल्याण के नाम पर पूँजीपति श्रेणी के स्वार्थ को पूरा करने के लिए देश की जनता के हित को और राष्ट्रीयकरण की सफलता को बलिदान कर शोषण की रामराजी व्यवस्था को यथासम्भव कायम रखने का यत्न कर रही है।

जनता के आत्मनिर्णय का अधिकार पा सकने के अवसर पर गाँधीवाद ने किस प्रकार जनता के साथ विश्वासघात किया है और कांग्रेसी शासन जनता का दमन कर किस दिशा में, किस प्रयोजन से चल रहा है इसकी ब्योरेवार विवेचना करने के लिए इन प्रश्नों की क्रमशः ऐतिहासिक रूप में विवेचना करना उचित होगा।

रामराज्य की स्थापना

राष्ट्रीय स्वतन्त्रता के संघर्ष में गाँधीवाद और कांग्रेस का विश्वासघात

कांग्रेस का प्रारम्भिक रूप

कांग्रेस, कांग्रेसी सरकार और गाँधीवाद के नेताओं का दावा है कि भारत में राष्ट्रीय स्वतन्त्रता की भावना पैदा करने, इस देश को विदेशी शासन से मुक्त कराने और राष्ट्रीय सरकार की स्थापना का श्रेय राष्ट्रीय कांग्रेस और गाँधीवादी नीति को है।

इस दावे की सच्चाई परखने के लिए ऐतिहासिक रूप से यह देखना आवश्यक है कि देश की जनता में विदेशी शासन से मुक्ति की भावना को कांग्रेस और गाँधीवादी नीति ने जन्म दिया या जनता में विदेशी शासन से मुक्ति की इच्छा और प्रयत्न कांग्रेस और गाँधीवादी नीति के जन्म से पहले भी मौजूद थे?

गाँधी जी के नाम का पहला परिचय भारतीय जनता को प्रथम महायुद्ध से कुछ पूर्व दक्षिण अफ्रीका में भारतीय प्रजा के सम्पत्ति के अधिकारों की रक्षा के लिए सत्याग्रह का नेतृत्व करनेवाले और इसी महायुद्ध के समय ब्रिटिश सरकार की सहायता के लिए भारतीय सेना की भरती करानेवाले राजनैतिक नेता के रूप में मिला था। राष्ट्रीय कांग्रेस का जन्म उससे बहुत वर्ष पहले अर्थात् सन् 1885 में ही हो चुका था।

सन् 1885 से पूर्व देश की प्रजा में विदेशी शासन के प्रति असन्तोष और उस शासन से स्वतन्त्र होने की इच्छा थी या नहीं? जनता कांग्रेस का नाम और उसकी पुकार सुने बिना विदेशी शासन का विरोध और उससे मुक्ति का प्रयत्न कर रही थी? इस प्रश्न का विश्वास योग्य उत्तर कांग्रेस के जन्म की परिस्थितियाँ और कांग्रेस को जन्म देनेवाले ही दे सकते हैं।

यह बात जानी-मानी है कि भारतीय राष्ट्रीय कांग्रेस[1] के जन्मदाता मि. ए. ओ. ह्यूम, सी. बी. थे। कांग्रेस का इतिहास लिखनेवालों ने इस देश में राष्ट्रीय स्वतन्त्रता का आन्दोलन आरम्भ करने के लिए मि. ह्यूम का बहुत गुणगान किया है और उन्हें राष्ट्रीय कांग्रेस के पिता की पदवी दी है। कांग्रेस का दावा है कि देश में राष्ट्रीय स्वतन्त्रता की भावना का आरम्भ कांग्रेस के जन्म से ही हुआ है। मि. ह्यूम ने कांग्रेस

---

1. भारतीय राष्ट्रीय कांग्रेस को जन्म देनेवाले अंग्रेज और भारतीय लोग किसी भारतीय भाषा का प्रयोग नहीं करते थे। कांग्रेस का जन्म इण्डियन नेशनल कांग्रेस के रूप में हुआ था। भारतीय राष्ट्रीय कांग्रेस, कांग्रेस के आरम्भिक नाम का अनुवाद है।

की स्थापना कैसी परिस्थितियों में और किस प्रयोजन से की थी, यह बात स्पष्ट करने के लिए मि. ह्यूम की जीवनी के लेखक सर बेडन बर्न ने अपनी पुस्तक भारतीय राष्ट्रीय कांग्रेस के पिता ''एलन ओक्टाविियो ह्यूम'' ("Allen Octavio Hume, Father of Indian National Congress") में लिखा है—

''जिस समय लॉर्ड लिटन का शासनकाल समाप्त हो रहा था, अर्थात् सन् 1878-1879 में ह्यूम को निश्चय हो गया कि (भारत में) बढ़ती हुई अशान्ति और विद्रोह को रोकने के लिए उपाय किये बिना काम न चलेगा। सरकार के शुभचिन्तकों ने देश के कई भागों से ह्यूम को सूचना दी कि संकट दूर नहीं है। सर्वसाधारण जनता आर्थिक संकट से पिस रही है और शिक्षित लोगों में भी विद्रोह की भावना बढ़ रही है...'' (पृष्ठ 50)

''सन् 1877 में देश में भयंकर अकाल पड़ा हुआ था। उसी समय महारानी विक्टोरिया को भारत की सम्राज्ञी घोषित करने के लिए दिल्ली में एक विराट् दरबार करके जश्न मनाये गये। प्रजा के मन पर इस घटना का प्रभाव बुरा पड़ा। जनता में सभी ओर असन्तोष प्रकट हो रहा था इसलिए अंग्रेज सरकार ने 1878 में भारतीय पत्रों की स्वतन्त्रता का दमन करने के लिए कानून बना दिया। परन्तु स्थिति इससे भी शान्त नहीं हुई। अगले वर्ष सरकार ने देश की प्रजा से आत्मरक्षा के लिए भी हथियार रखने का अधिकार छीन लिया।'' सर विलियम बेडन बर्न का कहना है—''इन प्रतिक्रियावादी काले कानूनों और जारशाही पुलिस के ढंग से शासन होने के कारण लॉर्ड लिटन के शासनकाल में बगावत फूटना ही चाहती थी। यह सौभाग्य की बात थी कि मिस्टर ह्यूम और उन्हें परामर्श देनेवालों ने समय पर आगे बढ़कर स्थिति सँभाल ली'' (पृष्ठ 104)। स्थिति सँभालने का साधन था कांग्रेस की स्थापना।

इस स्थिति का उपाय करने के लिए मि. ह्यूम ने कांग्रेस को जन्म दिया और इस स्थिति को कांग्रेस ने सँभाल लिया, उसका बहुत-कुछ अनुमान बेडन बर्न के वर्णन से हो जाता है। अधिक स्पष्ट देखना चाहते हैं तो बेडन बर्न की पुस्तक में उद्धृत स्वयं मिस्टर ह्यूम के शब्दों में देख लीजिये—''देश के अनेक भागों से मिले विवरण देखकर मैं इस परिणाम पर पहुँचा कि बगावत किसी भी समय फूट सकती है। यह बात लॉर्ड लिटन के भारत से लौटने के पन्द्रह मास पहले की है। देश के सभी भागों से मँगाये गये लगभग तीस हजार गुप्तचरों के बयान मैंने देखे। देश के सब भागों (बर्मा, आसाम आदि छोटे-छोटे प्रान्तों का वर्णन इसमें न था) को अलग-अलग बाँटकर यह रिपोर्ट सात बड़ी-बड़ी जिल्दों में तैयार की गयी थी। रिपोर्टें प्रायः देशी भाषाओं में थीं। मैंने उनके अंग्रेजी अनुवाद देखे। इनमें जिलों, तहसीलों, थानों और शहरों से आये हुए बयान अलग-अलग थे। रिपोर्टें प्रायः निम्न श्रेणी के (किसान-मजदूर-कारीगर) लोगों के बारे में थीं, जिनसे पता चलता था कि ऐसे लोग आर्थिक संकट के कारण सर्वथा निराश

होकर कह रहे हैं कि अब 'कुछ' कर डाले बिना उपाय नहीं है। इस 'कुछ' से लोगों का मतलब था बगावत (वायोलेन्स)[1]। बहुत-सी रिपोर्टों से पता चला कि लोग पुरानी तलवारें, बर्छे और तोड़ेदार बन्दूकें जमा करके छिपा रहे हैं जो अवसर आने पर काम में लायी जायेंगी। इन रिपोर्टों से किसी संगठित बगावत का सूत्र नहीं मिल सकता था। यह भी नहीं कहा जा सकता था कि बगावत हमारी सरकार के ही विरुद्ध है। परन्तु असन्तोष के चिह्न सब ओर थे और लूट-पाट, कत्ल, डकैती की तैयारियाँ खूब हो रही थीं। यह तैयारियाँ निम्न श्रेणी अर्थात् सबसे गरीब श्रेणी के लोगों में ही हो रही थीं। जान पड़ता था कि यह छोटे-छोटे गिरोह किसी भी समय, पत्ते पर पड़ी जल की बूँदों की तरह ढुलककर एक में मिल जायेंगे और उस समय शिक्षित लोग भी इनके साथ मिलकर बगावत को संगठित रूप देकर देशभर में फैला देंगे और यह बगावत विदेशी सरकार के विरुद्ध राष्ट्रीय बगावत का रूप ले लेगी।''

सर विलियम बेडन बर्न का कहना है कि आर्थिक संकट से व्याकुल निम्न श्रेणी द्वारा देश में सरकार के विरुद्ध बगावत की तैयारी की खबरें जासूसों द्वारा पाकर मि. ह्यूम उस स्थिति की ओर वाइसराय का ध्यान दिलाने के लिए शिमला पहुँचे। नये वाइसराय लॉर्ड डफरिन चतुर और व्यवहार कुशल आदमी थे। उन्होंने लन्दन में ब्रिटिश साम्राज्य की सरकार से परामर्श किया और मि. ह्यूम का सुझाव उनके सामने रखा कि—''भारत में गुप्त सशस्त्र राष्ट्रीय बगावत की तैयारी को रोकने का उपाय यही है कि देश की जनता के सामने एक ऐसा कानूनी आन्दोलन रख दिया जाये जिसके द्वारा लोग अपना असन्तोष वैधानिक रूप से प्रकट कर सकें। इससे जनता की नब्ज का पता चलता रहेगा। इस आन्दोलन के द्वारा हमसे सहयोग करनेवाली भद्रश्रेणी के भारतीय नेता स्वयं ही जनता को बगावत की राह से हटाकर कानूनी आन्दोलन की राह पर रखेंगे इस प्रकार आन्दोलन पर ब्रिटिश सरकार भी पूरा नियन्त्रण रख सकेगी।''

कांग्रेस की स्थापना और उसकी उपयोगिता के विषय में मि. ह्यूम जो कुछ स्वयं कह गये हैं और बेडन बर्न ने जिस प्रकार उनकी चतुरता की प्रशंसा की है, इससे यह स्पष्ट हो जाता है कि कांग्रेस की स्थापना का प्रयोजन भारत में विदेशी शासन से मुक्ति की भावना उत्पन्न करना या राष्ट्रीय नहीं था बल्कि इस देश में मुक्ति के आन्दोलन की रोकथाम ही था।

मि. ह्यूम ब्रिटिश साम्राज्य के विश्वासपात्र और जिम्मेवार कर्मचारी थे। उन्हें C. B. (Companion of Bath यानी सम्राट् का अन्तरंग सखा और सहायक) का खिताब साम्राज्य की सेवा के पुरस्कार में दिया गया था। मि. ह्यूम ने अपने ही शब्दों में सरकार

---

[1] मिस्टर ह्यूम ने अपने बयानों में ''वायोलेन्स और बगावत शब्दों का प्रयोग एक ही अर्थ में किया है। इसलिए यह बहुत स्वाभाविक जान पड़ता है कि कांग्रेस सदा ही अंग्रेज सरकार को प्रजा की 'बगावत' या वायोलेन्स से बचाती रही क्योंकि इसी उद्देश्य के लिए कांग्रेस को बनाया गया था।''

की जिस सेवा का उल्लेख किया है, उसे दूसरे शब्दों में जासूसी द्वारा जनता को राष्ट्रीय स्वतन्त्रता के लिए संघर्ष के मार्ग से हटाना ही कहा जायेगा। यही था कांग्रेस की स्थापना का प्रयोजन, जिसे कांग्रेस के नेता ब्रिटिश सरकार को देश की प्रजा की बगावत और 'वायोलेन्स' से बचाकर पूरा करते रहे हैं।

मि. ह्यूम को अपने काम और ओहदे से छुट्टी दे दी गयी और वे भारत में ब्रिटिश सरकार की रक्षा के लिए 'भारतीय राष्ट्रीय कांग्रेस' के संगठन में लग गये। मि. ह्यूम ने कैसा राष्ट्रीय आन्दोलन चलाया यह भी उनके ही शब्दों में देख लीजिये—"हम लोगों के शासन के परिणाम में जो शक्तियाँ देश में पैदा हो रही थीं, उनके दबाव से बचने के लिए, उन शक्तियों के प्रभाव को बहा देने के लिए एक मोरी बना देना आवश्यक था। हमारी कांग्रेस से ज्यादा अच्छी तरह यह काम और किस ढंग से हो सकता था?" (पृष्ठ 66)

कांग्रेस की स्थापना करनेवाले 'कांग्रेस के पिता मि. ह्यूम' के शब्दों में कांग्रेस की स्थापना का उद्‌देश्य और कार्यक्रम स्पष्ट हो जाता है और हम इस परिणाम पर पहुँचते हैं कि विदेशी शासन और उसकी आर्थिक व्यवस्था से देश की प्रजा का शोषण और दमन होने के कारण प्रजा में इस शासन के प्रति विरोध और इससे मुक्ति की इच्छा मौजूद थी और मुक्ति के लिए प्रयत्न भी हो रहा था। ऐसी भावना ही राष्ट्रीय भावना कहलाती है। विदेशी सरकार इन सबसे परिचित थी। विदेशी सरकार के प्रति विरोध और विदेशी दासता से मुक्ति के प्रयत्न की जड़ उस समय मेहनत करनेवाली श्रेणी में ही थी। यह भी स्वाभाविक था क्योंकि शोषण मेहनत से पैदावार करनेवालों का ही हो सकता है।

अंग्रेजी सरकार को भारत के जन-साधारण से ही भय था। अंग्रेजी सरकार की कूटनीति यही थी कि देश की राष्ट्रीय भावना का नेतृत्व शासन की स्वाभाविक तौर पर विरोधी, मेहनत करनेवाली श्रेणी के हाथ से निकालकर ऐसी श्रेणी के हाथ में दे दिया जाय जो विदेशी शासन की सहयोगी बन सकती हो। इसी उद्‌देश्य से कांग्रेस को जन्म दिया गया।

कांग्रेस इसी उद्‌देश्य को पूरा भी करती रही है। यह स्पष्ट है कि कांग्रेस ने राष्ट्रीय भावना उत्पन्न नहीं की बल्कि देश की जनता में मौजूद संघर्ष और संग्राम के मार्ग पर चलनेवाली राष्ट्रीय भावना को ब्रिटिश शासन की वैधानिकता से जकड़कर ब्रिटिश सरकार के सहयोग से अपनी माँगें पेश करने के कानूनी आन्दोलन का रूप देकर देश को मुक्ति के लिए संघर्ष के स्वाभाविक मार्ग से विमुख कर दिया।

तत्कालीन कांग्रेस ने राष्ट्रीय भावना की बागडोर अपने हाथ में लेकर ब्रिटेन के प्रति राजभक्ति का और ब्रिटेन के न्याय में विश्वास रखने का प्रचार जनता में किया। उस समय कांग्रेस में मुख्यतः बड़े रईस, बड़े जमींदार, बड़े बैरिस्टर और बड़े अफसर ही भाग

लेते थे। गवर्नर लोग कांग्रेस के अधिवेशनों की शोभा बढ़ाते थे और कांग्रेस 'ब्रिटिश सम्राट् जिन्दाबाद' के नारे लगाकर राजभक्ति की शपथ लेती थी। उस समय कांग्रेस की राष्ट्रीय माँगें थीं—ऊँची सरकारी नौकरियों में हिन्दुस्तानियों को हिस्सा मिले। वाइसराय और गवर्नरों की काउन्सिलों में कुछ भारतीयों की नियुक्ति हो। बड़े भारतीय व्यापारियों को भी अंग्रेज व्यवसायियों के समान सुविधाएँ मिल सकें। यह माँगें देश के स्वतन्त्रता चाहनेवाले जनसाधारण अथवा किसान-मजदूरों की नहीं हो सकती थीं, यह माँगें तो विदेशी शासन की रक्षा करके ही पूरी हो सकती थीं।

इस राष्ट्रीय आन्दोलन द्वारा देश की आर्थिक नेता सम्पन्न श्रेणी ने देश में अंग्रेजी राज के प्रति राजभक्ति का प्रचार कर अंग्रेजों की गुलामी स्वीकार करने का और अंग्रेजों की कृपा द्वारा ही अपनी समस्याओं के समाधान करने का आदर्श जनता के सामने भी रख दिया। इसका परिणाम हुआ कि देश के अशिक्षित और आर्थिक रूप से कुचले हुए शोषित लोग अंग्रेजों को इस देश का न्यायपूर्ण शासक मानकर निराश हो बैठ गये और उनकी सेवा में गौरव समझने लगे। उच्च शिक्षित वर्ग में एक नया कायरतापूर्ण दम्भ पैदा हो गया जिसमें विदेशी शासक की कृपा से स्वार्थ साधना और देशभक्ति का मिथ्याभिमान जैसी परस्पर-विरोधी भावनाओं का मेल था।

कांग्रेस यद्यपि राजभक्ति की शपथें खाती थी परन्तु देश में शिक्षा प्रचार, देशी व्यापार के लिए सुविधा की माँगें और अंग्रेजों के कठोर दमन के विरुद्ध मुलायम शब्दों में विरोध तो प्रकट करती ही थी। शासन के मद और अहंकार से अन्धी अंग्रेज-नौकरशाही के लिए कांग्रेस का यह व्यवहार भी असह्य हो गया। कांग्रेस राजभक्ति की शपथ खाकर प्रतिवर्ष सुधारों और सुविधा की माँग करती और सरकार उसे ठुकरा देती थी। माँग की जाने और माँग के ठुकराये जाने का परिणाम कांग्रेस का सरकार से निराश होना और सरकार का कांग्रेस से नाराज होना हुआ। यहाँ तक कि गोखले-जैसे नरमदली नेता भी अंग्रेजी नौकरशाही से निराश होने लगे और कांग्रेस में बालगंगाधर तिलक, लाला लाजपतराय और विपिनचन्द्र पाल—जैसे विदेशी सरकार का विरोध करनेवाले नेताओं का प्रभाव बढ़ने लगा। इसका कारण मार्क्सवाद का ऐतिहासिक सिद्धान्त—"शोषित और शोषक के हितों में विरोध होना आवश्यक है ही" था। 1890 में ही सरकारी कर्मचारियों को कांग्रेस में भाग न लेने का हुक्म दे दिया गया और 1900 में तो लॉर्ड कर्जन, अपने पूर्वाधिकारी वाइसराय के षड्यन्त्र से बनी कांग्रेस को समाप्त कर देने का ही प्रण कर बैठे।

सन् 1905 में जापान द्वारा जारशाही रूस के पराजय का प्रभाव भारत की शिक्षित मध्यम श्रेणी पर बहुत उत्साहवर्द्धक पड़ा। इस घटना ने यूरोपियन जातियों की तुलना में एशिया की जातियों के निर्बल और अयोग्य समझे जाने की मिथ्या धारणा का निराकरण कर दिया। अंग्रेजी सरकार के प्रति राजभक्ति के प्रचार और अशिक्षित

शोषित निम्नवर्ग में निराशा के बावजूद विरोधी शासन के प्रति घृणा और असन्तोष की भावना देश में बढ़ ही रही थी। दक्षिण में किसानों के विद्रोह, बंगाल में बंग-भंग के विरोधस्वरूप स्वदेशी आन्दोलन द्वारा विदेशी के बहिष्कार और सशस्त्र क्रान्ति द्वारा ब्रिटिश शासन के विरोध की चेष्टाएँ और पंजाब में गदर के यत्न होते ही रहे। कांग्रेस ने ऐसे प्रयत्नों से न कभी अपना कोई सम्बन्ध स्वीकार किया न उनके प्रति सहानुभूति प्रकट की। वह इन प्रयत्नों की निन्दा कर जनता को राजभक्ति का ही उपदेश देती रही।

देश की शिक्षित निम्न-मध्यम श्रेणी में विदेशी शासन के प्रति विरोध की भावना की उपेक्षा करते रहना भद्र-श्रेणी की प्रतिनिधि कांग्रेस के लिए सम्भव न था। स्वदेशी आन्दोलन से व्यापारी श्रेणी ने खूब लाभ उठाया ही था। परिणाम यह हुआ कि 1906 में कांग्रेस ने ब्रिटेन को अपनी राजभक्ति का निश्चय दिलाते हुए ब्रिटिश छत्रच्छाया में औपनिवेशिक स्वराज्य की माँग का प्रस्ताव पास कर दिया।

पहले महायुद्ध (1914-1918) से पूर्व कांग्रेस औपनिवेशिक स्वतन्त्रता की माँग कर चुकी थी। अंग्रेजी सरकार ने देश में अपने विरुद्ध उत्पन्न होनेवाली जिस भावना को जान लेने का साधन कांग्रेस को बनाया था वह काम कांग्रेस कर रही थी। परन्तु अंग्रेजी सरकार इस भावना को चुपचाप सह लेने के लिए तैयार नहीं थी। इसलिए कांग्रेस और अंग्रेजी सरकार में विरोध प्रकट हो रहा था। अंग्रेजी सरकार से कांग्रेस का विरोध किस प्रकार का था यह भी समझ लेना आवश्यक है।

समाज के व्यक्तियों के व्यवहार और विचार समाज में उनकी परिस्थितियों के ही अनुरूप होते हैं। देश के जन-समाज में कांग्रेस से सम्बन्ध रखनेवाले लोगों की क्या स्थिति थी? उस समय भारतीय जनता का कौन अंग, राष्ट्रीय प्रतिनिधित्व करने के नाम पर कांग्रेस के रूप में अंग्रेजी सरकार से सुविधाओं और अधिकारों की माँग करने के लिए संगठित हुआ था? यह निर्विवाद है कि जनता का वही अंग या वर्ग कांग्रेस के रूप में संगठित हुआ था जो अधिक-से-अधिक शिक्षा का अवसर पाकर अंग्रेजों के सम्पर्क में आ रहा था। इस वर्ग के अंग्रेजों के सम्पर्क में आने का कारण था कि अंग्रेज सरकार देश का शासन और शोषण इसी वर्ग द्वारा, इस वर्ग को साधन बनाकर, इनके सहयोग से ही कर सकती थी। यह लोग थे, बड़े-बड़े जमींदारों, अंग्रेजों की अदालतों से जीविका पानेवाले बड़े-बड़े वकील और बड़े-बड़े व्यापारियों के प्रतिनिधि। यह श्रेणी स्वयं पैदावार नहीं करती। इस श्रेणी का निर्वाह जनता पर शासन का साधन बनकर या अंग्रेजों द्वारा देश की लूट में बीच की कड़ी बनने से हो रहा था। यह लोग अंग्रेजी शासन-व्यवस्था को उखाड़ फेंकने की बात नहीं सोच सकते थे।

इस वर्ग का अंग्रेज सरकार से विरोध इस बात पर था कि अंग्रेज सरकार अथवा अंग्रेज शासक श्रेणी देशी जनता की लूट में इस श्रेणी को बहुत कम भाग और अवसर

दे रही थी और शासन का सम्पूर्ण अधिकार भी अपने हाथ में समेटे हुए थी। कांग्रेस के रूप में राष्ट्रीय माँग पेश करनेवाली श्रेणी, देश की लूट से होनेवाले मुनाफे में अधिक भाग और देश के शासन में अधिकार का अवसर चाहती थी। यह श्रेणी देश में अंग्रेजी शासन द्वारा कायम की गयी व्यवस्था में साझी बन चुकी थी और उसे उखाड़कर फेंकना नहीं चाहती थी। अंग्रेजी सरकार से कांग्रेस का विरोध बँटवारे के प्रश्न पर था। बँटवारा समझौते और सहयोग से ही हो सकता है इसीलिए, कांग्रेस बँटवारे के प्रश्न पर अंग्रेजी सरकार का विरोध करते रहने पर भी अंग्रेजों द्वारा जारी की गयी शासन और आर्थिक व्यवस्था की रक्षा में सहयोग देती रही इसीलिए अंग्रेजों की शासनव्यवस्था की जड़ पर चोट करनेवाले राष्ट्रीय मुक्ति के क्रान्तिकारी आन्दोलनों और प्रयत्नों का कांग्रेस सदा ही विरोध करती रही और उनके दमन में अंग्रेज सरकार का साथ देती रही। कांग्रेस के इस राजनैतिक दृष्टिकोण और नीति का कारण देश की आर्थिक व्यवस्था में कांग्रेस के नेताओं की श्रेणीगत स्थिति ही था। कोई भी श्रेणी अपनी आर्थिक स्थिति से प्रभावित हुए बिना नहीं रह सकती।

प्रथम महायुद्ध (1914-1918) से पूर्व भारतीय राष्ट्रीय कांग्रेस ने कभी कोई सार्वजनिक कार्यक्रम नहीं अपनाया। सर्वसाधारण जनता से कांग्रेस का कोई सम्पर्क भी नहीं था। लोकमान्य बाल गंगाधर तिलक और लाला लाजपतराय आदि नेता विद्रोही भाषणों के कारण ब्रिटिश सरकार द्वारा जेल भेजे गये परन्तु उनके वे कार्य कांग्रेस के कार्यक्रम का भाग नहीं थे। कांग्रेस में उनके लिए स्थान भी न रहा था। उन्हें अपना राजनैतिक संगठन 'होमरूल लीग' के नाम से पृथक् ही बनाना पड़ा। बंग-भंग के विरोध में चलनेवाला स्वदेशी आन्दोलन भी कांग्रेस के नेतृत्व में नहीं चला।

बंगाल में और पंजाब में भी सशस्त्र क्रान्ति के गुप्त आन्दोलन होते रहे। इन आन्दोलनों का आधार शिक्षित निम्न मध्यम श्रेणी थी जो कि विदेशी शासन के आर्थिक शोषण से मध्यम श्रेणी की अवस्था से साधनहीन श्रेणी में धकेली जा रही थी। इस श्रेणी के आन्दोलनों से न केवल कांग्रेस का कोई सम्बन्ध ही था बल्कि कांग्रेस इन आन्दोलनों की निन्दा कर इनमें चोट खानेवाले अंग्रेजी शासकों के प्रति सहानुभूति के प्रस्ताव पास कर अपनी राज-भक्ति का ऐलान करती रहती थी।

प्रथम महायुद्ध के समय भी अंग्रेजी सरकार ने जनता का विकट आर्थिक शोषण किया था और जनता में विदेशी शासन के प्रति घृणा उग्र हो रही थी। उस समय पंजाब और बंगाल में फिर सशस्त्र क्रान्ति की चेष्टाएँ हुईं। देश के दूसरे अनेक भागों में भी अस्थायी रूप से सरकार का विरोध प्रकट हुआ। भारतीय सेना में भी विद्रोह की घटनाएँ हुईं। परन्तु राष्ट्रीय कांग्रेस उस समय देश की जनता से विदेशी सरकार को सहयोग और सहायता देने की अपीलें कर रही थी।

उस समय तक गाँधी जी कांग्रेस के एकच्छत्र नेता या अधिनायक नहीं बन पाये थे और न कांग्रेस ने गाँधीवादी नीति को अपना कार्यक्रम बनाया था। उस समय अहिंसा

को मनुष्य-जीवन का लक्ष्य माननेवाले और सिद्धान्त रूप से शस्त्र-शक्ति के प्रयोग और रक्तपात तथा युद्धों का विरोध करनेवाले गाँधी जी देश के किसानों को राजभक्ति को धर्म मानकर अंग्रेजी सरकार की सेनाओं में भरती होने का उपदेश देकर युद्ध में पूर्ण सहयोग दे रहे थे। गाँधी जी ने ब्रिटिश सेना की सहायता के लिए एक स्ट्रेचर-बरदारों का स्वयंसेवक दल लेकर मैसोपोटामिया के रणक्षेत्र में जाने की आज्ञा भी तत्कालीन वाइसराय से माँगी परन्तु वाइसराय ने गाँधी जी को समझाया–"इस कठिनाई के समय आपकी उपस्थिति हमारे लिये इसी देश में अधिक उपयोगी है।"

इससे पूर्व दक्षिण-अफ्रीका में रहते समय शान्ति और अहिंसा का उपदेश देनेवाले गाँधी जी बोअर युद्ध में अंग्रेजों की सहायता के लिए सैनिक भरती करने का कार्य कर चुके थे। बोअर युद्ध के विषय में विशेष ध्यान देने योग्य बात यह है कि बोअर लोग अपनी स्वतन्त्रता के लिए लड़ रहे थे और अंग्रेजी सेनाएँ बोअर लोगों को परास्त करके उनकी स्वतन्त्रता छीनने के लिए लड़ रही थीं। उस समय गाँधी जी को बोअर लोगों की स्वतन्त्रता के अधिकार की अपेक्षा अंग्रेजों का बोअरों का दमन और शोषण और अपनी राजभक्ति ही सत्य-अहिंसा जान पड़ी थी।

यह कल्पना कर लेना कि प्रथम महायुद्ध के समय तक गाँधी जी का आध्यात्मिक विकास नहीं हुआ था या उन्होंने शस्त्र-शक्ति के प्रयोग को पाशविक बल और हिंसा नहीं समझा था, उनके प्रति न्याय न होगा। प्रथम महायुद्ध से पूर्व गाँधी जी दक्षिण अफ्रीका में पाशविक बल को अमानुषिक और पाप बताकर सत्याग्रह के शस्त्र का उपदेश और उपयोग कर चुके थे। परन्तु प्रथम महायुद्ध के समय अंग्रेजों की सहायता से अपने श्रेणीगत स्वार्थ की पूर्ति का अवसर देखकर उन्होंने राजनैतिक दाँवपेंच के रूप में पाशविक शक्ति से असहयोग की नीति को छोड़ युद्ध के रक्तपात में सहयोग देना स्वीकार कर लिया। गाँधी जी के इस दाँवपेंच का प्रयोजन 1922 में उन पर अंग्रेजी अदालत में राजद्रोह के लिए चलाये गये मुकदमे में दिये गये उनके बयान से स्पष्ट हो जाता है। गाँधी जी के अतिरिक्त सिद्धान्त रूप से शस्त्र-शक्ति के प्रयोग और युद्ध का विरोध कर शान्ति का समर्थन करनेवाले टाल्सटाय, थोरो आदि और भी अनेक व्यक्ति संसार में हुए हैं। ऐसे लोगों ने स्वयं अपने देश के युद्ध में भाग लेने पर भी युद्ध में सहयोग नहीं दिया और अपने विश्वास के लिए अपने देश की जनता की लांछना और अपनी सरकारों का दण्ड भी सहा।

गाँधी जी की नीति इस विषय में विचित्र रही है। भारत की जनता को उन्होंने अहिंसा का उपदेश दिया परन्तु अंग्रेजी सरकार के युद्धों में वे सहयोग देते रहे। सन् 1939-1944 के महायुद्ध में उनकी युद्ध-विरोध की नीति बहुत ही विचित्र थी। इस युद्ध के पहले भाग में गाँधी जी ने अंग्रेजों के प्रति सहानुभूति प्रकट करके सैद्धान्तिक असहयोग भी किया परन्तु सरकार को असुविधा में डालना हिंसा बताकर

क्रियात्मक विरोध को अनुचित ठहराया। युद्ध के दूसरे भाग में जब उन्होंने अंग्रेजों को जापान से हारते हुए देखा तो अंग्रेजों की ओर से अपनी सहानुभूति खींचकर युद्ध का सैद्धान्तिक विरोध करने का कार्यक्रम अपना लिया। यह कार्यक्रम ऐसा था कि अंग्रेज सरकार असुविधा तो अनुभव करे परन्तु उनकी व्यवस्था भंग होकर देश में क्रान्ति हो जाने का भी अवसर न आये। गाँधी जी के इस युद्ध-विरोध पर हम यथास्थान विचार करेंगे। अस्तु–

शस्त्र प्रयोग और हिंसा के विरोधी और शान्ति और अहिंसा को जीवन का लक्ष्य माननेवाले गाँधी जी ने बोअर युद्ध में और 1914-1918 के महायुद्ध में अंग्रेज साम्राज्यशाही को भरसक क्रियात्मक सहायता क्यों दी? इसका कारण गाँधी जी ने स्वयं ही स्पष्ट कर दिया है। सन् 1922 में उन पर राजद्रोह का मुकदमा चलाया जाने पर गाँधी जी ने युद्ध के समय अंग्रेज सरकार पर किये हुए एहसानों की याद दिलाते हुए कहा था–"...सेवा के वे सब प्रयत्न करते समय मुझे यह आशा और उत्साह था कि यह सहायता देने से मेरे देशवासियों को (अंग्रेजों से) समानता का दर्जा और अधिकार मिल जायेंगे।" अर्थात् गाँधी जी उस समय शस्त्र-शक्ति के प्रयोग के विरोधी सिद्धान्त को एक सौदे की आशा में छोड़ बैठे थे।

वास्तविकता यह है कि गाँधी जी ने अपने 'देशवासियों को (वास्तव में केवल अपनी श्रेणी को) अंग्रेजों के समान दर्जा या अधिकार' दिलाने के लिए बोअर युद्ध में बोअर लोगों की स्वतन्त्रता छीनी जाने में सहयोग दे रहे थे। इसी प्रयोजन से प्रथम महायुद्ध में भारतीय जनता को युद्ध के लिए सैनिक भरती होने और यथाशक्ति चन्दा देने का उपदेश देकर वे देश की जनता के रक्त और धन को मूल्य रूप में चढ़ा रहे थे। जनता का रक्त बेचकर अपने 'देशवासियों' (अपनी श्रेणी) के लिए अधिकार पाने की योजना को अहिंसा नहीं कहा जा सकता। 'मेरे देशवासियों' से गाँधी जी का अभिप्राय क्या था, यह आनेवाले वर्षों में ब्रिटिश विरोधी राष्ट्रीय संघर्ष में प्रकट होनेवाली गाँधी जी की नीति से स्वयं ही स्पष्ट हो जाता है।

प्रथम महायुद्ध के बाद भारत की राजनैतिक मुक्ति का संघर्ष गाँधी जी के एकाधिपत्य या तानाशाही में ही चला और कांग्रेस ने गाँधीवादी नीति को अपना राजनैतिक धर्म और कार्यक्रम स्वीकार कर लिया। कांग्रेस को गाँधीवाद की देन यही थी कि जनता की धार्मिक भावनाओं के आधार पर कांग्रेस को जनता का सार्वजनिक सहयोग मिलता रहा परन्तु यह सार्वजनिक आन्दोलन क्रान्ति का रूप न लेकर इस देश की पूँजीपति श्रेणी और ब्रिटिश शासन में सौदा और समझौता कर सकने का ही साधन बना रहा।

कांग्रेस की गाँधीवादी सत्याग्रह की नीति

प्रथम महायुद्ध (1914-1918) का प्रभाव अन्तरराष्ट्रीय राजनैतिक अवस्था और इस देश की अवस्था पर भी गहरा पड़ा। अंग्रेज अमरीका की सहायता से युद्ध तो जीत गये परन्तु उनकी अन्तरराष्ट्रीय आर्थिक तथा सैनिक शक्ति और प्रतिष्ठा को बहुत धक्का लगा। अंग्रेजी सेनाओं के चार वर्ष तक जर्मन सेनाओं से मार खाते रहने के कारण इस देश की प्रजा पर अंग्रेजों का पहले जैसा रोब न रहा। इसके साथ ही 1917 की रूसी समाजवादी क्रान्ति का भी प्रभाव सम्पूर्ण संसार की जनता पर पड़ा। राष्ट्रीय पूँजीवादी शोषण से मुक्ति और किसान-मजदूर राज की सम्भावना का एक नया राजनैतिक आदर्श संसार की जनता के सामने आ गया। इस देश की जनता के सामने भी उदाहरण आया कि यदि रूस की किसान-मजदूर जनता रूस की प्रबल जारशाही जैसे निरंकुश शासन को उखाड़कर अपना शासन कायम कर सकती है तो हमारे लिये भी निराशा का कारण नहीं। इस क्रान्ति के उदाहरण से भारत के विदेशी शासक भी अपने शासन की रक्षा के लिए पहले की अपेक्षा और अधिक सतर्क होने लगे।

अंग्रेज सरकार जानती थी कि रूसी क्रान्ति का प्रभाव भारत की प्रजा के भिन्न-भिन्न राजनैतिक दृष्टिकोण रखनेवाले लोगों पर भिन्न-भिन्न ढंग से पड़ेगा। ब्रिटिश सरकार के सहयोग से सुधारों और अधिकारों की माँग का वैधानिक आन्दोलन चलानेवालों के सन्तोष के लिए सरकार ने युद्ध में उनकी सहायता और सहयोग के पुरस्कारस्वरूप 1917 में ही 'माण्टेगू सुधार योजना' के नाम से सुधारों का एक आश्वासन दे दिया था। उस समय इन सुधारों की कोई योजना तैयार नहीं थी। योजना बनायी गयी 1919 में। इससे स्पष्ट है कि सुधारों का यह आश्वासन इस देश पर रूसी क्रान्ति के प्रभाव का उपाय करने के लिए ही था। कांग्रेस के नेतृत्व में वैधानिक माँगें करनेवालों को अपने विचार में यों सन्तुष्ट करके अंग्रेज सरकार ने विदेशी शासन का सभी प्रकार से विरोध करनेवाले 'अवैधानिक क्रान्तिकारी' लोगों का भी उपाय करना आवश्यक समझा। ब्रिटिश सरकार इसी प्रकार के लोगों को भी अपना वास्तविक शत्रु समझती आयी थी। मि. ह्यूम और उनके भारतीय सहयोगियों ने कांग्रेस का संगठन ही इस उद्देश्य से किया था।

युद्ध के समय जब गाँधी जी और कांग्रेस (अथवा पूँजीपति वर्ग) भारतीय प्रजा को सब प्रकार से अंग्रेज सरकार की सहायता करने के लिए प्रोत्साहित कर रहे थे, भारत के राजनैतिल्त दृष्टि से अचेत किसान और मजदूर आर्थिक संकट से पिसकर पेट की

रोटी के लिए अंग्रेज सेनाओं में भरती हो रहे थे, उस समय भी राजनैतिक दृष्टि से सचेत देश की शिक्षित निम्न-मध्यम श्रेणी, जिसे देश की साधनहीन जनता का शिक्षित और सचेत अंग कहा जा सकता है, अपने शत्रु विदेशी शासन को संकट में देखकर सशस्त्र क्रान्ति के लिए सरकारी फौजों में विद्रोह के प्रचार से और अंग्रेज शासकों पर आक्रमण कर जनता को क्रान्ति के लिए उत्साहित करने का यत्न कर रही थी। अंग्रेजी सरकार ने विद्रोही जनता के आन्दोलनों और प्रयत्नों को कुचलने के लिए युद्ध के समय दमन के विशेष अधिकार अपनी नौकरशाही को दे दिये थे। सरकार युद्ध के बाद भी ऐसे लोगों से निश्शंक नहीं हो सकती थी। युद्ध के समय के दमनकारी कानूनों को बाद में भी जारी रखने के लिए सरकार ने अंग्रेज जज रौलेट के सभापतित्व में एक जाँच कमेटी बनाकर इस बात के प्रमाण एकत्र किये कि भारत में व्यापक विद्रोह और सशस्त्र क्रान्ति का आन्दोलन गुप्त रूप से चल रहा है। इस रिपोर्ट (Rowlett Committee Report) में गुप्त सशस्त्र क्रान्ति के जिन प्रयत्नों का प्रमाण सहित उल्लेख किया गया है, उन्हें 'व्यक्तिगत आतंकवादी आन्दोलन' के तिरस्कारपूर्ण नाम से टाल देना उचित नहीं जान पड़ता परन्तु कांग्रेस उस आन्दोलन को सदा 'व्यक्तिगत आतंकवाद' कहकर उसका तिरस्कार और विरोध करती आयी है। अंग्रेज सरकार उस आन्दोलन को उपेक्षा के योग्य न मानकर उसे सदा अपना असली शत्रु समझती रही और कांग्रेस को अपना असन्तुष्ट सहयोगी।[1]

देश की आर्थिक रूप से निराश और असन्तुष्ट जनता में रूसी समाजवादी राजनैतिक क्रान्ति के उदाहरण से और अधिक विद्रोह फैलने की आशंका समझकर सरकार ने रौलेट-कमेटी की रिपोर्ट के आधार पर देश के राजनैतिक दमन के लिए 'रौलेट-बिल' के नाम से एक नया कानून बना दिया। देश की जनता इस कानून को सिर झुकाकर स्वीकार कर लेने के लिए तैयार नहीं थी। 'रामराज्य' का यह एक भयानक विद्रूप है कि 'रौलेट-बिल' की तुलना कांग्रेसी सरकार द्वारा जारी किये गये 'सार्वजनिक शान्ति और सुरक्षा कानून' से की जाये तो वह इस 'रामराजी' कानून से कहीं अधिक कम निरंकुश पाया जायेगा।[2]

प्रथम महायुद्ध के समय अंग्रेज सरकार को दी हुई सहायता के मूल्य में 'माण्टेगू-सुधार' के आश्वासन से कांग्रेस के नेतृत्व में चलनेवाली जनता असन्तुष्ट थी। इस पर 1919, मार्च में सरकार ने 'रौलेट-बिल' लागू करने की घोषणा कर दी। जनता अपना

---

1. यह बात मैं 1962, फरवरी में सशस्त्र-क्रान्तिकारी आन्दोलन के सिलसिले में हुई अपनी गिरफ्तारी के बाद उ. प्र. के तत्कालीन इन्स्पेक्टर जनरल-पुलिस मि. हालैण्ड से हुई बातचीत के आधार पर लिख रहा हूँ। इस घटना का वर्णन और वार्त्तालाप उस समय के ऐतिहासिक घटनाओं के मेरे संस्मरणों 'सिंहावलोकन' में मिलेगा।

2. सार्वजनिक शान्ति सुरक्षा कानून पर इसी पुस्तक के अन्तिम भाग 'रामराज्य के वरदान' में उसकी धाराओं के विवेचन द्वारा विचार किया गया है।

असन्तोष प्रकट करने के लिए उफन रही थी। जनता के इस असन्तोष का नेतृत्व करने के लिए गाँधी जी ने सत्याग्रह-लीग की स्थापना की। सत्याग्रह-लीग की स्थापना का एक ही प्रयोजन हो सकता था—'रौलेट-बिल' के विरुद्ध सत्याग्रह करके उसे मन्सूख करवा देना। भारत के राजनैतिक संघर्ष में सत्याग्रह की नीति का यह आरम्भ था। सत्याग्रह की नीति ने देश की मुक्ति के राजनैतिक संघर्ष का दिशा निर्देश किस प्रकार किया, यह ठीक से समझ पाने के लिए सत्याग्रह की नीति का परिचय आवश्यक है। सत्याग्रह की नीति को कार्यक्रम के रूप में अपनाया कांग्रेस ने क्योंकि कांग्रेस राजनैतिक संघर्ष में सार्वजनिक सशस्त्र क्रान्ति की विरोधी थी और 'वैधानिक' समझौते के आन्दोलन को ही अपना मार्ग समझती थी। सत्याग्रह की नीति उन्हीं के लिए उपयोगी हो सकती थी इसलिए राजनैतिक संघर्ष की सत्याग्रही नीति को विदेशी शासन के विरुद्ध सार्वजनिक विद्रोह और क्रान्ति के कार्यक्रम और नीति की प्रतिद्वन्द्वी और विरोधी मानना पड़ेगा।

सत्याग्रह की नीति को उसके शब्दों के अर्थ के अनुसार समझ लेने से भारी भ्रम का अवसर पैदा हो जाता है। हमें यह स्वीकार कर लेना पड़ता है कि 'सत्याग्रही' जिस बात की माँग कर रहा है वह बात सर्वसम्मति से—जिस व्यक्ति, दल या संस्था के विरुद्ध सत्याग्रह किया जा रहा है, उसकी दृष्टि में भी—सत्य, उचित और न्याय है। परन्तु जिन लोगों के विरुद्ध सत्याग्रह किया गया, उन लोगों ने किसी भी सत्याग्रह-आन्दोलन में सत्याग्रहियों की माँग को नैतिक, न्याय या सत्य स्वीकार नहीं किया। उदाहरणतः हिन्दू धर्म के रूढ़िवादी रूप में श्रद्धा और विश्वास रखनेवालों ने अछूतों के मन्दिर प्रवेश के लिए सत्याग्रह करने पर उसे अनाचार ही समझा है। ऐसे लोगों में महामना मदन मोहन मालवीय जी जैसे अछूतों के मन्दिर-प्रवेश के विरोधी लोगों की ईमानदारी या सत्य की धारणा के विषय में तो शंका नहीं की जा सकती। पाकिस्तान के भाग का पचपन करोड़ रुपया दिलाने के लिए गाँधी जी ने जो अनशन-सत्याग्रह हिन्द-सरकार के विरुद्ध किया था, उससे हिन्दुस्तान की हिन्दू प्रजा के मन पर कोई नैतिक प्रभाव नहीं पड़ा। उसे हिन्द-सरकार और हिन्दुस्तान की प्रजा ने केवल मजबूरी में ही सहा। स्वयं गाँधीवाद को पनपाने के लिए साधनों से पूरी सहायता देनेवाले पूँजीपतियों और स्वयं गाँधी जी ने भी मजदूरी बढ़ाये जाने की माँग पर मजदूरों के सत्याग्रह को सदा अन्याय ही बताया है। स्वयं गाँधीवादी कांग्रेसी सरकार ने ही अनशन करनेवाले सैकड़ों सत्याग्रहियों की माँगों को अयुक्तियुक्त कहकर ठुकरा दिया है। कांग्रेस सरकार आज राजनैतिक सत्याग्रह को विद्रोह का एक अनुचित उपायमात्र कहकर अपनी शस्त्र-शक्ति से उसके दमन की नीति को खुलेआम अपना चुकी है। अपनी माँग या पक्ष को सर्वमान्य सत्य घोषित कर देने को हम सत्याग्रही के दृढ़ विश्वास का प्रमाण मान सकते हैं परन्तु यदि कोई व्यक्ति बौद्धिक निष्पक्षता का दावा करता है तो उसकी दृष्टि में अपनी माँग को सर्वमान्य सत्य या न्याय कहना सत्याग्रही का दम्भ और अहंकारमात्र ही होगा।

क्रियात्मक रूप से सत्याग्रह का अर्थ विपक्षी के विरुद्ध शस्त्रों का प्रयोग किये बिना उसके असहयोग कर अपनी माँग या आग्रह के लिए जनता की सहानुभूति और सहयोग पाकर विपक्षी को परास्त कर देने का कार्यक्रम ही है। सभी देशों की साधनहीन श्रेणी लाचारी के अवसर पर हड़ताल के रूप में सत्याग्रह के कार्यक्रम का उपयोग करती आयी है। सत्याग्रह का वास्तविक अर्थ हड़ताल ही है। गाँधी जी की देन कांग्रेस को यह है कि उन्होंने राजनैतिक हड़ताल के कार्यक्रम पर आध्यात्मिकता का रंग चढ़ा दिया और साधनहीनों के इस कार्यक्रम का उपयोग देश की साधनवान् श्रेणी के हितसाधन के लिए कर दिखाया।

राजनैतिक शस्त्र के रूप में सत्याग्रह का प्रयोग पहले-पहल गाँधी जी ने भारतीय प्रजा के अधिकारों की रक्षा के लिए दक्षिण अफ्रीका में किया। भारतीय प्रजा के रूप में दक्षिण अफ्रीका में अधिकतर भारतीय कुली और कुछ भारतीय व्यापारी थे। दक्षिण अफ्रीका में कुली का काम करनेवाले भारतीय 'शर्त-बन्द मजदूरी' (Indentured Labour) में भरती होकर गये हुए लोग थे। शर्त-बन्द मजदूरी साधनहीन जनता के शोषण का एक अमानुषिक और अत्यन्त अन्यायपूर्ण ढंग था, यह बात अन्तरराष्ट्रीय तौर पर स्वीकार कर ली गयी और ब्रिटिश सरकार इस प्रथा को सभी उपनिवेशों में बन्द कर देने के लिए मजबूर हो गयी। दक्षिण अफ्रीका में पीड़ित भारतीय शर्त-बन्द कुलियों के प्रश्न पर भारत में भी भयंकर आन्दोलन चला। इन मजदूरों की अवस्था के सम्बन्ध में स्वयं गाँधी जी का कहना था कि "इन मजदूरों की अवस्था मनुष्यत्व से गिरी हुई है।"

दक्षिण अफ्रीका में गाँधी जी ने सत्याग्रह के कार्यक्रम का प्रयोग शर्त-बन्द कुलियों को मनुष्यत्व का अधिकार दिलाने के लिए नहीं किया। सत्याग्रह के कार्यक्रम का प्रयोग किया दक्षिण अफ्रीका में बसे हुए भारतीयों के व्यापार द्वारा धन कमा सकने के और इन व्यापारियों द्वारा संचय की हुई सम्पत्ति पर उनके अधिकारों की रक्षा के लिए। दक्षिण अफ्रीका में सत्याग्रह आरम्भ करने के कारणों के बारे में गाँधी जी लिखते हैं—"However, even the Laws to which they (i.e. Indentured labourers) are subject and mild in comparison to the ordinance outlined above (i. e. for traders) and the penalties they impose are a mere fleabite when compared with penalties laid down in the ordinance. अर्थात् 'व्यापारियों के विरुद्ध जो कानून जारी किये गये उनके मुकाबले में मजदूरों पर अन्याय करनेवाले कानून मामूली ही थे। व्यापारियों पर जुल्म के मुकाबले में मजदूरों पर होनेवाले अन्याय ऐसे ही थे जैसे मक्खी का काट जाना हो।'"[1]

गाँधी जी के शब्दों में भारतीय व्यापारियों के विरुद्ध ऐसे कठोर कानून बना दिये गये कि—"इन कानूनों से दक्षिण अफ्रीका में लाखों रुपये का कारोबार फैलाये हुए

1. Satyagrah in South Africa by M. K. Gandhi, p. 66.

भारतीय व्यापारियों को भारत लौटा दिया जा सकता था और उनका कारोबार मिट्टी में मिल जा सकता था...'' परन्तु शर्त-बन्द मजदूरी के नियमों के अनुसार तो भारतीय मजदूर दक्षिण अफ्रीका में मजदूर बनकर रहने की मियाद के बाद न तो वहाँ रहकर कोई कारोबार कर सकता था और न अपना घर ही वहाँ बना सकता था और न मजदूरी की अवस्था असह्य अनुभव होने पर मजदूरी छोड़कर अपने देश को ही लौट सकता था। स्वयं गाँधी जी ने स्वीकार किया है कि भारतीय मजदूरों की अवस्था 'मनुष्यत्व से गिरी' हुई थी। मजदूरों की यह अवस्था गाँधी जी की दृष्टि में मक्खी के मामूली डंक की तरह ही सह्य थी परन्तु सम्पत्ति संचय करते हुए भारतीय व्यापारी का दक्षिण अफ्रीका से निकाल दिया जाना प्राणघातक प्रहार था।

गाँधी जी ने इन मजदूरों को मनुष्यत्व का अधिकार दिलाने के लिए सत्याग्रह की आवश्यकता अनुभव नहीं की। उन्होंने सत्याग्रह की आवश्यकता अनुभव की भारतीय व्यापारियों के लाखों रुपये के फैले हुए व्यापार और दक्षिण अफ्रीका में कमाकर संचय की हुई उनकी सम्पत्ति की रक्षा के लिए गाँधी जी की दृष्टि में 'सत्य' का अर्थ मनुष्यत्व नहीं बल्कि सम्पत्ति पर अधिकार की रक्षा कर सकना ही था। सत्य का आधार सम्पत्ति की स्वामी श्रेणी की परम्परागत न्याय की धारणा के सिवा और क्या है? सत्य की इस धारणा के अनुसार साधनहीन श्रेणी के जीवन का महत्त्व साधनवान् श्रेणी के लिए मुनाफा कमा सकने का अवसर देना है। रामराज्य के न्याय की आधार-शिला यही सत्य है। दक्षिण अफ्रीका के मजदूरों के लिए गाँधी जी का उपदेश उस समय भी यही था कि उन्हें अपने मालिकों के प्रति धर्म का पालन कर प्रेम से ही उनका हृदय-परिवर्तन करने का यत्न करना चाहिए। मनुष्यत्व के अधिकार के लिए सत्याग्रह, हड़ताल नहीं। सत्याग्रह और हड़ताल करने का अधिकार केवल मालिक श्रेणियों के लिए ही है जैसे वेद पढ़ने का अधिकार केवल ब्राह्मण को था। यह है रामराज्य का विधान साधनहीन श्रेणी के लिए।

सत्य के इस आधार को गाँधी जी ने आन्दोलन का कैसा क्रियात्मक रूप दिया, सत्याग्रह की नीति में यही सबसे अधिक महत्त्वपूर्ण बात है। दक्षिण अफ्रीका में भारतीय व्यवसायियों के सम्पत्ति पर अधिकार और सम्पत्ति कमाने के अधिकार की रक्षा का आन्दोलन चला। 'मनुष्यत्व से गिरे हुए' भारतीय मजदूरों का उपयोग कर सकने की अपनी नीति के बारे में गाँधी जी कहते हैं—''या तो दक्षिण अफ्रीका के व्यापारियों को यह खयाल ही नहीं आया कि (व्यापारियों के हित की रक्षा का) आन्दोलन चलाने में कुलियों की सहायता ली जा सकती है या उन्हें भय था कि कुलियों को आन्दोलन में शामिल करने से व्यापारियों को हानि ही न हो जाये।'' गाँधी जी ने इसका उपाय ढूँढ़ निकाला। सत्याग्रह आन्दोलन के उद्देश्य और ध्येय में कुलियों की अवस्था में सुधार की कोई माँग न रखकर उन्होंने भारतीय कुलियों को समझाया कि यह कानून भारत का राष्ट्रीय अपमान है और इसमें प्रत्येक भारतीय का अपमान है। गाँधी जी ने कुलियों

को समझाया—'भारत की लाज हमारे हाथ है। भारत के 'राष्ट्रीय सम्मान' की रक्षा के लिए प्रत्येक भारतीय को अपने स्वार्थ और आर्थिक प्रश्नों का विचार छोड़कर लड़ना चाहिए। इस सत्याग्रह युद्ध में गाँधी जी ने स्त्रियों को आगे किया। स्त्रियों के गिरफ्तार होने से कुली लोग जोश में आकर सत्याग्रह के शान्तिमय युद्ध में अपने-आपको निछावर करने के लिए तैयार हो गये।

जो कुली अपने तन, प्राण और मनुष्यत्व की रक्षा के लिए मुँह खोलने का साहस नहीं कर सकते थे वे भारत के राष्ट्रीय सम्मान के नाम पर दक्षिण अफ्रीका में भारतीय व्यवसायियों के लाखों रुपये के फैले हुए व्यापार के अधिकारों और उनकी सम्पत्ति की रक्षा के लिए सत्याग्रह के रण-क्षेत्र में कूद पड़े। कहा जाता है, सत्याग्रह 'गाँधी-स्मट्स' समझौते के रूप में सफल हुआ कि नये कानूनों का उपयोग—'सम्पत्ति के अधिकार का उचित ध्यान रखकर' किया जायेगा। दक्षिण अफ्रीका में भारतीय कुलियों की न सम्पत्ति थी और न उनका कोई सम्पत्ति का अधिकार ही था।

सत्याग्रह की इसी नीति को भारत के राजनैतिक संघर्ष में अक्षरशः व्यवहार में लाया गया। आन्दोलन भारत की राष्ट्रीय-स्वतन्त्रता के नाम पर चला। राष्ट्रीय स्वतन्त्रता के प्रश्न में देश की साधनहीन श्रेणी—किसान, मजदूर और नौकरी-पेशा लोगों की आर्थिक समस्याओं को नहीं आने दिया गया और देश के शासन का अधिकार, सार्वजनिक आन्दोलन की शक्ति के आधार पर 'सम्पत्ति की मालिक श्रेणी' के हाथ में आ गया।

सत्याग्रह के कार्यक्रम से राष्ट्रीय स्वतन्त्रता के लिए सार्वजनिक आन्दोलन का आरम्भ रौलेट-बिल के विरोध में सत्याग्रह आन्दोलन करने से हुआ। रौलेट-बिल वैधानिक और शान्तिमय आन्दोलन चलानेवाले लोगों की व्यक्तिगत स्वतन्त्रता में हस्तक्षेप नहीं करता था। रौलेट-बिल सर्वसाधारण जनता को कांग्रेसी राज के 'सार्वजनिक शान्ति और सुरक्षा' कानून से अधिक व्यक्तिगत स्वतन्त्रता दिये हुए था। परन्तु वह अंग्रेजी राज के चले आये क्रम में दमन बढ़ाने का प्रयत्न अवश्य था। पूँजीपति श्रेणी के प्रतिनिधि के रूप में गाँधी जी युद्ध के समय सरकार की सेवा के उपलक्ष्य में आये 'माण्टेगू सुधारों' के आश्वासन से असन्तुष्ट थे। जनता में रौलेट-बिल के प्रति असन्तोष देखकर उन्होंने सत्याग्रह में ले लिया। बिल के विरोध में 7 अप्रैल, 1919 को हड़ताल और काले झण्डों द्वारा शान्तिमय विरोध प्रकट करने का आदेश दिया गया। विदेशी शासन से असन्तुष्ट जनता ने अपना विरोध जिस उग्र रूप में प्रदर्शित किया उससे सरकार के पाँव तो डगमगाये ही परन्तु उससे गाँधी जी का कलेजा दहल गया।

गाँधी जी की योजना सरकार को केवल जनमत का बल दिखाकर अपनी वैधानिक माँगें मनवाने की थी परन्तु जनता ने अपनी सामूहिक शक्ति से शासन की व्यवस्था पर अधिकार कर लेने के प्रयत्न शुरू कर दिये। प्रायः सभी नगरों में सरकार ने जनता पर गोलियाँ चलायीं। पंजाब के नगरों पर हवाई जहाजों से बम वर्षा की गयी परन्तु जनता जान पर खेलकर ब्रिटिश व्यवस्था को चकनाचूर कर देने की भावना से आगे

ही बढ़ती जा रही थी। जनता केवल शान्तिमय वैधानिक उपायों से असन्तोष ही नहीं प्रकट कर रही थी बल्कि विदेशी सरकार की व्यवस्था को तोड़ डालने का यत्न कर रही थी। जनता ने सत्याग्रह लीग के नेता के आदर्शों की प्रतीक्षा नहीं की। जनता ने अपना ध्येय समझ लिया था, विदेशी व्यवस्था की इमारत को गिरा देना। इस व्यवस्था के टूट जाने पर जाने कैसी व्यवस्था बनती? गाँधी जी को व्यवस्था के टूट जाने का भय दिखायी दे रहा था इसलिए ठीक उस समय, जब दमन के मुकाबले में भी जनता का आन्दोलन आगे ही बढ़ रहा था, गाँधी जी ने ईश्वरीय प्रेरणा से अनुभव किया कि उन्होंने 'हिमालय के समान भारी भूल' कर दी है। गाँधी जी ने आन्दोलन रोक देने का आदेश दे दिया।

वह 'हिमालय के समान भारी भूल' क्या थी? क्या सार्वजनिक विद्रोह से ब्रिटिश-व्यवस्था के टूट जाने पर रौलेट-बिल को समाप्त करने का उद्देश्य पूरा न होता? जहाँ तक जनता के संघर्ष के लिए तैयार का प्रश्न हो सकता था, इस विषय में ब्रिटिश सरकार की राय थी कि "यह बात अस्वीकार नहीं की जा सकती कि आन्दोलन ब्रिटिश राज्य के विरुद्ध संगठित विद्रोह के रूप में चल रहा था।"[1]

भारी भूल यह थी कि जनता जिस प्रकार ब्रिटिश शासन की अवज्ञा कर व्यवस्था पर अपना अधिकार जमाने की कोशिश कर रही थी, उससे ब्रिटिश शासन द्वारा कायम की हुई आर्थिक व्यवस्था भी सुरक्षित नहीं रह सकती थी। ऐसी अवस्था में शासन की व्यवस्था ज्यों-की-त्यों, एक समझौते द्वारा भारत की पूँजीपति श्रेणी के हाथ में आ जाने का अवसर नहीं हो सकता था क्योंकि सत्याग्रह-लीग द्वारा आरम्भ किया गया आन्दोलन ऐसे रूप में नहीं चल सका कि सम्पत्ति के अधिकारों और मुनाफा कमाने के अधिकार के पूँजीवादी न्याय की रक्षा निश्चित रूप से हो सकती, गाँधी जी ने ईश्वर की प्रेरणा से ब्रिटिश शासन और पूँजीवादी आर्थिक व्यवस्था की रक्षा के लिए आन्दोलन को स्थगित कर देना ही आवश्यक समझा।

1919 के रौलेट-बिल विरोधी आन्दोलन का एक और महत्त्वपूर्ण पक्ष है। ब्रिटिश सरकार की रिपोर्ट उस आन्दोलन के विषय में कहती है—"इस सार्वजनिक विद्रोह की उत्तेजना के परिणामस्वरूप हिन्दुओं और मुसलमानों में अपूर्व भ्रातृभाव पैदा हो गया। हिन्दू-मुस्लिम एकता नेताओं से लेकर सर्वसाधारण जनता तक राष्ट्रीय कार्यक्रम का महत्त्वपूर्ण अंग बन गयी। सार्वजनिक उत्तेजना के वातावरण में हिन्दू-मुसलमानों के हाथ से और मुसलमान हिन्दुओं के हाथ से जल पीने लगे। सार्वजनिक प्रदर्शनों में हिन्दू-मुस्लिम एकता का नारा सदा ही गूँजता रहता था। मस्जिदों में हिन्दू नेताओं के व्याख्यान होने लगे।"[2]

राष्ट्रीय-मुक्ति का यह आन्दोलन यदि आर्थिक व्यवस्था के प्रति आशंका के कारण 1919 में ईश्वरीय प्रेरणा से स्थगित न कर दिया जाता तो ब्रिटिश सरकार के विरुद्ध

1. Sir Valentine Chirol, "India" 1926 p. 207.
2. India 1919.

भारत का राष्ट्रीय मोर्चा हिन्दुस्तान और पाकिस्तान की स्वतन्त्रता की माँगों के रूप में बँटा हुआ न होकर हिन्दुस्तान की स्वतन्त्रता की माँग के रूप में एक ही रहता और शायद देश के बँटवारे का साम्राज्यवादी कुचक्र न चल पाता।

परन्तु गाँधी जी दमन के विरोधस्वरूप क्रान्ति के प्रयत्न में ब्रिटिश सरकार द्वारा नियन्त्रित पूँजीवादी और सामन्तवादी व्यवस्था के प्रति भय पैदा हो जाने की 'हिमालय-जैसी भारी भूल' को पहचान चुके थे। क्रान्ति के भय से बचने के लिए गाँधी जी ने आन्दोलन को स्थगित कर ब्रिटिश सरकार के सहयोग और वैधानिक समझौते द्वारा शासन का अधिकार पूँजीपति श्रेणी के हाथ में पाने की आयोजना को ही सत्य-अहिंसा (सम्पत्ति के अधिकारों) की रक्षा का मार्ग समझा। गाँधी जी ब्रिटिश की सद्‌भावना को 'माण्टेगू चेम्स फोर्ड' सुधारों के आश्वासन और 'रौलेट-बिल' के रूप में देख चुके थे। दूसरी ओर आन्दोलन के समय जनता की भावना को भी उन्होंने समझ लिया था। इन दोनों में से पूँजीवादी ब्रिटेन की सद्‌भावना ही उन्हें अधिक भरोसे योग्य जान पड़ी।

गाँधी जी की सत्य-अहिंसा की रक्षा जनता की भावना की अपेक्षा ब्रिटिश व्यवस्था में ही अधिक सम्भव थी। पूँजीपति श्रेणी के शासन का अधिकार पाने के लिए जनता का सहयोग पाने के साथ-साथ उसे पूँजीवादी आर्थिक व्यवस्था के अनुशासन में रखना भी आवश्यक था इसलिए देश में मुक्ति का आन्दोलन जागरित हो जाने और दमन तथा रक्तपात का दौरदौरा हो जाने पर भी गाँधी जी ने दिसम्बर, 1919 में कांग्रेस और देश की जनता को राय दी—"हमें ब्रिटेन की सद्‌भावना और ईमानदारी पर विश्वास है। ...हमारा कर्त्तव्य इन सुधारों की कड़ी आलोचना नहीं बल्कि शान्ति और सन्तोषपूर्वक इन्हें सफल बनाना होना चाहिए।"[1]

गाँधी जी के सत्य-अहिंसा और सहयोग के इस उपदेश को जनता स्वीकार नहीं कर सकी। देश की जनता रौलेट-बिल के विरुद्ध हुए आन्दोलन के समय सरकारी दमन के विरुद्ध जल रही थी। 1920 में कांग्रेस ने भी सुधारों के सम्बन्ध में अंग्रेजी सरकार से सहयोग के प्रस्ताव को बहुमत से ठुकरा दिया। 1920 का वर्ष कठिन आर्थिक संकट का समय था। तब पहली बार देश में अनाज रुपये का तीन-चार सेर बिका था। किसान जनता लगान देने में असमर्थ हो रही थी और मजदूरों ने जगह-जगह लगभग दो सौ हड़तालें कर अपना असन्तोष प्रकट किया था। ऐसी अवस्था में विदेशी सरकार से सहयोग की नीति पर जमे रहने से गाँधी जी देश की जनता का नेतृत्व नहीं कर सकते थे इसलिए गाँधी जी कांग्रेस के नेता के रूप में जनता पर हुए दमन के प्रतिशोध और राष्ट्रीय मुक्ति के लिए 'शान्तिमय असहयोग आन्दोलन' का कार्यक्रम लेकर आगे बढ़े। गाँधी जी को ब्रिटिश सरकार द्वारा पेश किये गये सुधारों की सन्तोष और शान्ति द्वारा सफल बनाने के अपने उपदेश भूल जान पड़ने लगे।

---

1. Young India, Dec. 13, 1919.

सितम्बर, 1920 में कांग्रेस ने जनता की भावना को अनुभव कर अपना उद्देश्य– 'ब्रिटिश छत्रच्छाया में औपनिवेशिक स्वतन्त्रता' प्राप्त करने से बदलकर पूर्ण स्वाधीनता घोषित कर दिया परन्तु जनता को क्रान्ति की ओर न बढ़ने देने के लिए इस पूर्ण स्वतन्त्रता की प्राप्ति का साधन या कार्यक्रम 'शान्तिमय और वैधानिक उपाय' (Peaceful & Legitimate means) भी बहुत स्पष्ट रूप में रखा गया। इतना ही नहीं, गाँधी जी ने आन्दोलन की मुख्य शर्त 'अहिंसा (Nonviolence)' निश्चित कर दी। अबकी आन्दोलन की राजनैतिक माँगें पहले की अपेक्षा अधिक स्पष्ट थीं अर्थात् पिछले आन्दोलन में सरकार द्वारा किये गये दमन का प्रतिशोध और पूर्ण स्वाधीनता की प्राप्ति।

'पूर्ण स्वाधीनता' का नारा तो जनता के सामने रखा गया परन्तु स्वाधीनता की रूपरेखा जनता के सामने प्रकट करना या स्पष्ट कर देना आवश्यक नहीं समझा गया। स्वाधीनता की रूपरेखा की अस्पष्टता की ओर लोगों का ध्यान ही न गया हो सो बात नहीं। उस समय के आन्दोलन की चर्चा करते हुए पण्डित जवाहरलाल नेहरू ने इस अस्पष्टता के विषय में लिखा है–"इसमें सन्देह नहीं कि हमारे बहुत-से नेता स्वराज्य का अर्थ ब्रिटेन के शासन से सर्वथा आजाद हो जाना नहीं समझते थे। गाँधी जी इस विषय में सदा भोलेपन की अस्पष्टता बनाये रहते थे और इस विषय में स्पष्ट विचार को प्रोत्साहित भी नहीं करते थे।" पूर्ण स्वाधीनता का कांग्रेस का उद्देश्य उतना ही सारगर्भित और रहस्यपूर्ण रहा जैसा कि दक्षिण अफ्रीका के सत्याग्रह के समय 'भारत के राष्ट्रीय सम्मान का प्रश्न' था।

स्वराज्य की रूपरेखा स्पष्ट करने से पूँजीवादी और सामन्तवादी शोषण से जनता की मुक्ति का प्रश्न सामने आ जाना अनिवार्य होता और शायद भारत की राष्ट्रीय मुक्ति के संघर्ष का रूप रूस की 1917 की समाजवादी क्रान्ति जैसा हो जाता। कांग्रेस के एकच्छत्र नेता के रूप में गाँधी का निर्णय था कि स्वराज्य की रूपरेखा का निश्चय ईश्वरीय प्रेरणा द्वारा होगा। उस समय केवल एक बात स्पष्ट थी कि जनता अहिंसात्मक रहकर, व्यवस्था को भंग किये बिना, कांग्रेस सरकार को अपनी राष्ट्रीय माँग स्वीकार कर लेने के लिए विवश कर दे। विरोधी विवश और परास्त भी हो जाय और अहिंसा भी बनी रहे, यह था सत्याग्रह का आध्यात्मिक दावा!

कुछ लोग गाँधी जी को इस बात का श्रेय देते हैं कि राष्ट्रीय स्वतन्त्रता के प्रश्न में श्रेणीगत दृष्टिकोण न आने देकर गाँधी जी ने स्वतन्त्रता संग्राम के मोर्चे पर राष्ट्रीय एकता की रक्षा की। पहला प्रश्न विदेशी सरकार से देश के शासन का अधिकार लेना ही होना चाहिए था। श्रेणियों के हितों और स्वार्थों की बात बाद में ही तय होनी चाहिए थी। इस प्रकार का प्रचार केवल पूँजीपति श्रेणी के हित की रक्षा का ही उपाय था और इस प्रकार से ब्रिटिश सरकार को ही लाभ हुआ।

ब्रिटिश शासन की सबसे अधिक विरोधी उस सरकार के सहयोग से जीविका चलाने और उस सरकार की आर्थिक व्यवस्था के लाभ उठानेवाली श्रेणी नहीं हो सकती थी।

जो साधनहीन श्रेणी वास्तव में विदेशी शासन की लूट का शिकार होने के कारण उस सरकार की विरोधी थी, उस साधनहीन श्रेणी को श्रेणी एकता के नाम पर पूँजीपति श्रेणी की सहयोगी और समझौतावादी नीति के नेतृत्व में दबाये रखने का परिणाम ब्रिटिश शासन को इस देश में चिरायु करना ही हुआ। परिस्थितियों को ध्यान में रखते हुए गाँधी जी का साधनहीन श्रेणी के हित का बलिदान कर श्रेणी एकता और अहिंसा पर जोर देने का अर्थ, आर्थिक व्यवस्था में परिवर्तन न आने देना ही रहा है। आन्दोलन की प्रगति और फिर उसके स्थगित कर दिये जाने के क्रम से यह बात और भी स्पष्ट हो जाती है।

इस राजनैतिक संघर्ष में कांग्रेस के पास विदेशी सरकार से लोहा लेने का मुख्य साधन असहयोग या हड़ताल का कार्यक्रम था। राजनैतिक असहयोग या अभिप्राय सरकार के सभी कामों से अपना सहयोग हटाकर उसकी शासनव्यवस्था को असम्भव कर देना था परन्तु कांग्रेस ने आन्दोलन को कदम-कदम चलाने की आयोजना बनायी। सार्वजनिक असहयोग की बात को स्थगित रखकर आरम्भ में सीमित असहयोग के लिए तीन क्षेत्र चुने गये—विधान सभाएँ (Legislatures), अदालतें और स्कूल-कॉलेज। अर्थात् सम्पत्तिसम्पन्न लोगों, वकीलों और विद्यार्थियों को, जो इस समय प्रायः सम्पन्न की सन्तान थे, इस आन्दोलन में भाग लेने के लिए पुकारा गया। अभिप्राय था कि आन्दोलन के मोर्चे पर वे ही लोग आयें जिनसे समाज की पूँजीवादी आर्थिक व्यवस्था को आशंका न हो। सर्वसाधारण जनता को घर बैठकर चर्खा कातने का ही उपदेश दिया गया जिससे वे लोग आन्दोलन में सक्रिय भाग लेकर मोर्चे पर तो न आयें परन्तु विदेशी कपड़े की खपत को कम करके मोर्चे के पीछे रहते हुए भी विदेशी पूँजीपति श्रेणी पर दबाव डालने में सहायक हो सकें। इस दबाव का उपयोग कर सकी केवल आगे बढ़नेवाली श्रेणी।

मेहनत करनेवाली साधनहीन श्रेणी के प्रति अपने अविश्वास और आशंका को गाँधी ने आन्दोलन के आरम्भ में ही बहुत स्पष्ट कर दिया था। उन्होंने न केवल निम्न-मध्यम वर्ग के लोगों और छोटे सरकारी नौकरों, पुलिस और फौज के सिपाहियों को मोर्चे पर नहीं पुकारा बल्कि उन्होंने चेतावनी दे दी कि—"अनेक मजदूर नेता समझते हैं कि राजनैतिक उद्देश्य से मजदूरों की हड़तालें उपयोगी हो सकती हैं। मेरी राय में इस कार्य के लिए मजदूरों की हड़तालों का उपयोग भारी भूल होगी।"[1] इसी प्रकार किसानों को भी आन्दोलन से दूर रखने के लिए उन्होंने चेतावनी देना आवश्यक समझा—"हमारा यह इरादा बिलकुल नहीं कि असहयोग आन्दोलन में किसी भी अवसर पर जमींदारों का लगान बन्द कर दिया जाये।" उन्होंने अपनी बात को और भी स्पष्ट कर दिया—"किसानों को समझा देना चाहिए कि जमींदारों से किये गये अपने समझौते का उन्हें धर्मपूर्वक पालन करना चाहिए, चाहे वह समझौता कलमबन्द हो या रिवाज

1. रिवाज 'Custom' के अनुसार चले आये समझौते में जमींदारों का बेगार पाना भी समझा जा सकता है?

के अनुसार चला आया हो।" ब्रिटिश-शासन और व्यवस्था से पीड़ित देश की इन दो सबसे बड़ी श्रेणियों के सक्रिय विरोध से ब्रिटिश शासन को बचाये रखने में गाँधी जी का क्या प्रयोजन समझा जा सकता था?

कांग्रेस द्वारा राष्ट्रीय-स्वतन्त्रता की पुकार उठाने पर देश की जनता में विदेशी शासन के विरुद्ध विद्रोह की दुर्दमनीय लहर दौड़ गयी थी। उस समय जनता की उग्र भावना और गाँधी जी के अनिश्चित कदमों के बारे में कांग्रेस द्वारा स्वयं लिखाये गये इतिहास में ही यह स्वीकार किया गया है कि–"सामूहिक और सार्वजनिक असहयोग का लक्ष्य जनता को आकर्षित कर रहा था, परन्तु यह लक्ष्य कार्यरूप में कैसे आयेगा, यह बात गाँधी जी ने कभी स्पष्ट नहीं की, शायद स्वयं उनके सामने भी स्पष्ट नहीं थी। यह लक्ष्य उनके पवित्र हृदय और आत्म-दृष्टि के सम्मुख स्वयं ही शनैः-शनैः प्रकट होनेवाला था... ।"[1] गाँधी जी के सामने असहयोग के लक्ष्य का मार्ग भले ही अस्पष्ट रहा हो परन्तु इतना जरूर स्पष्ट था कि उनकी दृष्टि में साधनहीन मेहनतकश जनता का आन्दोलन के मोर्चे पर आना पूँजीवादी व्यवस्था और ब्रिटिश शासन के लिए भय का कारण है।

असहयोग आन्दोलन को समझौते द्वारा माँगें पूरी करने की सीमा में रखने और उसे सार्वजनिक रूप न लेने-देने के गाँधी जी के प्रयत्नों के बावजूद कांग्रेस का घोषित लक्ष्य ऐसा था कि जनता आन्दोलन में टूटी पड़ रही थी। विदेशी शासन के विरोध और राष्ट्रीय मुक्ति की इच्छा को प्रकट करने का जो साहस जनता ने इस आन्दोलन से पाया वह निर्विवाद रूप से अभूतपूर्व था। जनता की यह भावना देश भर में अनेक रूपों में प्रकट हो रही थी। आसाम, बंगाल और पंजाब में भारी हड़तालें हो गयीं। बंगाल के मिदनापुर जिले में लगानबन्दी शुरू हो गयी, दक्षिण में भोपला विद्रोह हो गया, पंजाब में बहुत बड़े परिमाण में अकाली आन्दोलन चल पड़ा। इन आन्दोलनों ने अनेक जगह साम्प्रदायिक रूप भी ले लिया परन्तु उनका कारण यह था कि कांग्रेस विदेशी शासन से मुक्ति की माँग करने के बाद सरकार से सार्वजनिक संघर्ष के मोर्चे को टाले जा रही थी। कांग्रेस राजनैतिक संघर्ष को टालने और जनता को व्यवस्था के अनुशासन में बनाये रखने के लिए ब्रिटिश शासन से स्वतन्त्रता की माँग को आध्यात्मिक अनुशासन का रूप देने का यत्न कर रही थी। इसका अनिवार्य परिणाम हुआ देश में साम्प्रदायिकता की प्रवृत्ति को उत्साह मिलना। देश के भिन्न-भिन्न सम्प्रदाय ब्रिटिश शासन को अपने-अपने साम्प्रदायिक दृष्टिकोण से अपना शत्रु समझकर अपनी-अपनी समस्या पृथक् समझने लगे। बाद में इस भावना का परिणाम सार्वजनिक राजनैतिक आन्दोलन से अनेक सम्प्रदायों का फूट जाना भी हुआ।

असहयोग के लिए जनता में इतना उत्साह था कि गाँधी जी ने सितम्बर, 1921 में यह घोषणा कर दी कि "संघर्ष समाप्त होने से पहले देश स्वतन्त्र हो जायेगा। यदि

---

1. Official 'History of the Indian National Congress' 1935, p. 376.

31 दिसम्बर, 1921 तक स्वराज्य न हो गया तो वे अपना जीवन व्यर्थ समझेंगे।"[1] सरकार ने कांग्रेस के स्वयंसेवकों को गैरकानूनी करार दे दिया था परन्तु देश के बड़े-बड़े शहरों में उनका ही शासन दिखायी दे रहा था। दिसम्बर, 1921 में कांग्रेस का वार्षिक अधिवेशन अहमदाबाद में हुआ। जनता सार्वजनिक और सामूहिक असहयोग और सामूहिक रूप से कानून भंग (Mass civil disobedience) करके ब्रिटिश शासन को समाप्त कर देने के लिए उतावली हो रही थी। देश के मजदूर और नौकरी-पेशा लोग असहयोग के मोर्चे पर कूद पड़ने के लिए तड़प रहे थे। देश के सभी लोगों से किसान लगानबन्दी आरम्भ करने की माँग कर रहे थे। कुछ ही दिन पूर्व देश में संगठित हुई कम्युनिस्ट पार्टी ने देश की राजनैतिक स्थिति के विषय में अहमदाबाद कांग्रेस के अवसर पर 'यह घोषणा-पत्र' प्रकाशित किया था–

"इस समय देश की जनता क्रान्ति की बहुत गहरी भावना से व्याकुल है। यदि कांग्रेस इस क्रान्ति का नेतृत्व करना चाहती है तो इसका कार्यक्रम केवल अनियन्त्रित उत्साह के प्रदर्शनों तक ही सीमित नहीं रखना चाहिए। कांग्रेस को चाहिए कि संगठित मजदूरों और किसान सभाओं की माँगों को अपने कार्यक्रम में सम्मिलित करे। यदि कांग्रेस इस मार्ग पर चलेगी तो देश की सम्पूर्ण जनता अपनी जीवन की माँग के लिए सचेत होकर अपनी सम्पूर्ण शक्ति से कांग्रेस को अजेय बना देगी।"[2]

सत्याग्रह-असहयोग युद्ध की अन्तिम तैयारी के रूप में युद्ध संचालन के सभी अधिकार गाँधी जी के हाथ में देकर उन्हें एकच्छत्र नेता करार दे दिया गया। जब देश की जनता राष्ट्रीय स्वतन्त्रता के लिए शत्रु से लोहा लेने के लिए आतुर हो रही थी और अंग्रेज सरकार का दिल दहल रहा था, तब कांग्रेस की ओर भी एक आदमी भयभीत था, वह थे–इस युद्ध के प्रधान सेनापति, आन्दोलन के एकच्छत्र नेता गाँधी। उन्हें भय था क्योंकि मजदूर हड़तालें करके विदेशी शासन और पूँजीवादी आर्थिक व्यवस्था को बिलकुल समाप्त कर देना चाहते थे, क्योंकि किसान लगानबन्दी करके, अब तक शहरों में सीमित आन्दोलनों को सुदूर गाँवों में पहुँचा देना चाहते थे जिसका प्रभाव गाँवों से भरती होनेवाली भारतीय ब्रिटिश सेना पर अनिवार्य रूप से पड़ता। जनता आन्दोलन को सरकार से युद्ध का वास्तविक रूप दे देने के लिए अहिंसा (Nonviolence) की शर्त से छुट्टी की माँग कर रही थी।

वास्तविक संघर्ष से गाँधी जी का भय प्रकट हुआ उस समय सबसे प्रसिद्ध जनतन्त्रवादी नेता हसरत मोहानी ने अहमदाबाद कांग्रेस में 'स्वराज्य' की परिभाषा में 'विदेशी नियन्त्रण से सभी प्रकार की मुक्ति की शर्त जोड़ने' का प्रस्ताव किया।

1. 'The Indian Struggle' Subhas Bose, p. 84.
2. Manifesto of Communist Party of India to the Ahmedabad National Congress, 1921.

गाँधी जी ने इस प्रस्ताव पर खेद प्रकट कर इसका विरोध किया क्योंकि उन्हें इसमें 'गैर-जिम्मेवारी' की भावना दिखायी दे रही थी। सितम्बर, 1921 से दिसम्बर, 1921 तक स्वराज्य-प्राप्ति की घोषणा और 'विदेशी शासन से पूर्ण मुक्ति' को 'गैर जिम्मेवारी' की बात समझने में क्या सम्बन्ध हो सकता है, यह बात केवल आध्यात्मिक दृष्टि से ही समझी जा सकती है, क्रियात्मक भौतिक दृष्टि से नहीं।

अहमदाबाद अधिवेशन के समय चारों ओर से उठती सार्वजनिक और सामूहिक असहयोग की माँग को भी गाँधी जी और कांग्रेस ने स्वीकार नहीं किया। जनता की माँग के उत्तर में कांग्रेस ने निश्चय किया, "...जब जनता अहिंसा की उचित शिक्षा पा लेगी तब उचित सीमाओं का ध्यान रखते हुए निर्देश दिये जाने पर ही कानून-भंग आन्दोलन आरम्भ किया जा सकेगा।" चारों ओर से माँग होने पर भी मजदूरों की हड़तालों और लगानबन्दी के आन्दोलन को कांग्रेस ने अपने कार्यक्रम में स्थान नहीं दिया परन्तु देश की जनता विदेशी शासन की व्यवस्था पर चोट किये बिना केवल शक्ति प्रदर्शन करके शासन का अधिकार अपने देश की पूँजीपति श्रेणी को दिला देने की पैंतरेबाजी के योग्य चतुर नहीं थी। वह अपने शोषण की व्यवस्था के बन्धनों को तोड़कर मुक्ति चाहती थी।

देश में जगह-जगह लगानबन्दी आन्दोलन शुरू होने लगे। कांग्रेस के सभी राजनैतिक नेताओं को सरकार ने जेलों में बन्द कर दिया। केवल गाँधी जी बाहर थे, इसलिए नहीं कि सरकार को गाँधी जी की आध्यात्मिक शक्ति से भय था बल्कि इसलिए कि गाँधी जी सरकार को जनता की 'हिंसा' (क्रान्ति) से बचाये हुए थे। सार्वजनिक क्रान्ति को रोके रहने के लिए सरकार गाँधी जी पर ही निर्भर कर रही थी। यह बात उस समय वाइसराय द्वारा लन्दन में सेक्रेटरी आफ स्टेट को भेजे गये तार से स्पष्ट है। उस तार का संक्षिप्त भाव यों हैं—"...क्रिसमस के अवसर पर अहमदाबाद में कांग्रेस का अधिवेशन हुआ। बम्बई आदि स्थानों पर होनेवाले दंगों से गाँधी ने यह अनुभव कर लिया है कि सार्वजनिक और सामूहिक कानून भंग आन्दोलन कितनी भयंकर चीज है और यह बात उन्होंने कांग्रेस में प्रकट भी की है। विरोधी नेताओं के आन्दोलन से अहिंसा की शर्त हटा देने के प्रस्ताव को भी कांग्रेस ने स्वीकार नहीं किया। कांग्रेस ने आन्दोलन की पूरी तैयारी हो जाने पर भी लगानबन्दी की बात नहीं उठायी...।"[1]

गाँधी जी और कांग्रेस की आज्ञा के बिना ही जगज-जगह कानून भंग का सत्याग्रह जारी हुआ और आन्दोलन का सरकार के लिए सबसे भयंकर कदम 'लगानबन्दी' भी उठाया जा रहा था। आन्दोलन को अपने नियन्त्रण से बाहर जाता देखकर गाँधी जी ने जनता को आश्वासन दिया कि सब जगह लगानबन्दी रोक दी जाये, वे अपने नेतृत्व में बारदोली सार्वजनिक और सामूहिक कानून भंग आन्दोलन और लगानबन्दी आरम्भ

---

1. 'Telegraphic Correspondence regarding the Situation in India' Comd, 1586, 1922.

करेंगे। उन्हें विश्वास था कि बारदोली की जनता ने उनकी अहिंसा की शिक्षा उचित रूप से पा ली है या बारदोली के छोटे-से ताल्लुके में वे लगानबन्दी को अपने आदर्श के अनुसार, व्यवस्था को चोट पहुँचाये बिना चला सकेंगे। इसी समय उत्तर प्रदेश के एक छोटे-से गाँव 'चौरी-चौरा' में पुलिस के दमन के विरुद्ध जनता ने विद्रोह कर थाने को जलाकर पुलिस के बाईस सिपाहियों की हत्या कर दी। इस घटना से दुःखी होकर गाँधी जी ने 12 फरवरी, 1922 को देश भर में कानून भंग और सत्याग्रह आन्दोलन को स्थगित कर देने की आज्ञा दे दी क्योंकि उनकी दृष्टि में 'अहिंसा' (सम्पत्ति के अधिकारों की व्यवस्था की रक्षा) का महत्त्व 'स्वराज्य' (शोषण से जनता की मुक्ति) से अधिक था।

गाँधी जी ने अहिंसा की रक्षा के लिए आन्दोलन को 12 फरवरी, 1922 को कैसी अवस्था में स्थगित किया, यह भी उस समय वाइसराय द्वारा लन्दन में सेक्रेटरी आफ स्टेट को, आन्दोलन स्थगित होने से तीन दिन पहले, 9 फरवरी को भेजे गये तार से स्पष्ट हो जाता है—"शहरों में निम्न श्रेणियों (मजदूरों और छोटे नौकरी-पेशा लोगों) पर आन्दोलन का प्रभाव गहरा है। आसाम, संयुक्त प्रान्त, बिहार, उड़ीसा और बंगाल में किसान भी आन्दोलन के साथ हैं। पंजाब में अकाली आन्दोलन गाँवों तक पहुँच गया है। मुसलमान लोग देश भर में बिगड़े बैठे हैं। ...भयंकर आशंका है। ...सरकार एक अभूतपूर्व अव्यवस्था, जैसी पहले कभी नहीं हुई, का सामना करने के लिए तैयार है परन्तु यह स्पष्ट कर देना उचित है कि परिस्थिति विकट रूप से चिन्ताजनक है।"[1]

क्रान्ति के लिए तैयार जनता से ब्रिटिश-शासन की रक्षा गाँधी जी ने ही की, यह बात उस समय के बम्बई के गवर्नर लार्ड लॉयड ने मि. पियर्सन से अपनी मुलाकात में स्पष्ट कहा था—"...उसने हमें भयभीत कर दिया। उसके कार्यक्रम से हमारी जेलें भर गयीं।...आप जनता को जेलों में कहाँ तक बन्द करते जा सकते हैं? आप 311,000,000 आदमियों को जेल में नहीं रख सकते। यदि आन्दोलन का अगला कदम उठाकर और लगानबन्दी शुरू कर दी जाती, तो भगवान् ही जानता है कि क्या होता!"

"संसार के इतिहास में गाँधी जी ने सबसे बड़ा परीक्षण किया है, और इसकी कामयाबी में बाल भर का ही अन्तर रह गया था। जनता की भावनाओं पर नियन्त्रण रखना उनके लिए भी सम्भव न रहा। जनता क्रान्ति पर उतारू हो गयी थी परन्तु गाँधी ने अपना कार्यक्रम स्थगित कर दिया। फिर क्या हुआ तुम जानते ही हो। हमने उन्हें जेल में बन्द कर दिया।"[2]

क्रान्ति के लिए आतुर जनता को रोकना वास्तव में ही कठिन था। इस काम का श्रेय है गाँधी जी को। जब आन्दोलन स्थगित हो गया तो सरकार ने अपनी प्रतिष्ठा

1. Viceroy to Secretary of State for India, Feb, 9, 1922. "Telegraphic Correspondence regarding the Situation in India" Comd. 1586. 1922.
2. 'New Republic' C. F. Andrews, April 3, 1939.

जमाने के लिए गाँधी जी को भी जेल भेज दिया। आन्दोलन स्थगित किया गया था देश या व्यवस्था को हिंसा से बचाने के लिए। हिंसा से गाँधी जी का अभिप्राय क्या था यह आन्दोलन को स्थगित करने की आज्ञा देनेवाले कांग्रेस के प्रस्ताव से स्पष्ट है। इस प्रस्ताव की धारा 6 में कांग्रेस-कमेटियों और कांग्रेस-कार्यकर्त्ताओं को विशेष आदेश है—"...किसानों को समझा दिया जाये कि जमींदारों का लगान न देना कांग्रेस के प्रस्ताव और देशहित के विरुद्ध है।" धारा 7 में जमींदारों को विश्वास दिलाया गया है कि—"...जमींदारों के न्यायपूर्ण अधिकारों पर आक्रमण करना कांग्रेस के कार्यक्रम का अंग नहीं है। यदि कहीं किसानों को अन्याय की शिकायत भी है तो उसका समाधान आपसी समझौते से ही होना चाहिए।"[1] कांग्रेस का यह प्रस्ताव गाँधीवादी अहिंसा के सिद्धान्त में साधनवान् श्रेणी के हित की रक्षा के उद्देश्य को सर्वथा स्पष्ट कर देता है।

परन्तु जनता क्या चाहती थी, यह इसी बात से स्पष्ट है कि जब कांग्रेस ने 1921 में सरकार से असहयोग का कार्यक्रम अपनाया कांग्रेस के सदस्यों की संख्या एक करोड़ तक पहुँच गयी और जब गाँधी जी ने अहिंसा की रक्षा के लिए कांग्रेस का कार्यक्रम चर्खा कातना बना दिया तो 1924 में कांग्रेस के सदस्यों की संख्या केवल बीस हजार अर्थात् प्रति पाँच सौ में से एक ही रह गयी। उस समय दुःखी होकर गाँधी जी ने कहा था—"जनता केवल सरकार से लड़ने के लिए ही हमें नेता मानती है।"

गाँधी जी का यह कहना ठीक ही था, जनता अपने शोषण की व्यवस्था की रक्षा के लिए गाँधी जी के पीछे नहीं चलना चाहती थी और गाँधी जी जनता की शक्ति का प्रयोग करना चाहते थे देश की पूँजीपति श्रेणी के हित में, ब्रिटिश-साम्राज्यशाही से समझौता कर सकने के लिए। ऐसा समझौता जिससे देश की शोषित श्रेणी के नियन्त्रण में पैदावार की साधन बनी रहे और देश की पूँजीपति श्रेणी ब्रिटिश शोषित श्रेणी के समान ही शोषण के अधिकार पा सके। गाँधीवाद की सफलता इसी बात में रही कि जनता कांग्रेस के पीछे चलकर अपने शोषण की व्यवस्था की रक्षा करती रही और उसने अपने देश की पूँजीपति श्रेणी के लिए शासन का अधिकार दे दिया। कांग्रेस की इस सफलता का अर्थ साधनहीन किसान-मजदूर जनता के प्रति विश्वासघात ही समझा जायेगा।

1922 में विदेशी शासन के विरुद्ध मुक्ति के लिए क्रान्ति के मोर्चे पर से जनता को पीछे हटाने के परिणाम में देश में राजनैतिक निराशा छा गयी। गाँधी जी चर्खा-संघ के रूप में अपना अहिंसात्मक आध्यात्मिक संगठन फैलाने में लग गये। दूसरे राजनैतिक नेता स्वराज्य पार्टी बनाकर काउन्सिलों में जा बैठे परन्तु जनता शान्त और सन्तुष्ट नहीं हो गयी। विशेषतः मजदूर और किसान वर्ग में शोषण से आत्म-रक्षा के लिए जागृति की भावना बढ़ती ही जा रही थी।

सरकार इस ओर से बेपरवाह नहीं थी। साधनहीन श्रेणी में बढ़ते विद्रोह के संगठन की रोक-थाम के लिए सरकार ने कानपुर में 1924 में मजदूर नेताओं को गिरफ्तार

1. Resolution of Congress Working Committee. Feb. 12, 1992.

करके एक कम्युनिस्ट-षड्यन्त्र की जाँच आरम्भ की। 1926-1927 में मजदूरों तथा किसानों के और भी संगठन साधनहीन श्रेणी की माँगों को लेकर प्रकाश में आने लगे। 1928 में बम्बई में 'लाल झण्डा मजदूर सभा' बन गयी और मजदूरों की हड़तालों का दौर-दौरा शुरू हो गया।

कांग्रेस को सो गया देखकर देश के सभी प्रान्तों में नौजवान-सभाएँ विदेशी शासन विरोधी आन्दोलन को लेकर आगे बढ़ने लगीं। देश के व्यापारी वर्ग को सन्तुष्ट रखने के लिए ब्रिटिश सरकार ने 1924 में कुछ सुविधाएँ व्यापारियों को दी थीं। परन्तु 1926 में सरकार ने पौण्ड-पावने का दर बदलकर और ब्रिटिश व्यापार पर लगाये कर हटाकर उन सब सुविधाओं को रद्द कर दिया इसलिए देश की पूँजीपति श्रेणी भी बेचैन हो गयी। सरकार ने असन्तोष की इस बाढ़ को अनुभव किया और सुधारों की एक नयी योजना आरम्भ करने के लिए 'साइमन कमीशन' भारत में भेजने की घोषणा कर दी।

कांग्रेस जनता में बढ़ते असन्तोष और जनता को अपने नेतृत्व से निकलता अनुभव कर रही थी। जनता को अपने नेतृत्व में रखने के लिए 1927 में कांग्रेस ने 'पूर्ण स्वराज्य' का प्रस्ताव पास कर दिया और 'अन्तरराष्ट्रीय साम्राज्य विरोधी संघ' (International League Against Imperialism) से भी अपना सम्बन्ध जोड़ लिया। जनता में बढ़ती वामपक्ष की भावना को सन्तुष्ट करने के लिए युवकों के नेता पण्डित जवाहरलाल नेहरू और श्री सुभाष बोस कांग्रेस के जनरल सेक्रेटरी भी नियुक्त कर दिये गये। दूसरी ओर कांग्रेस ने एक 'अखिल भारतीय राजनैतिक दल सम्मेलन' करके संयुक्त मोर्चा बनाने का भी प्रस्ताव पास कर लिया। उसके परिणाम में पण्डित मोतीलाल नेहरू ने 'उदार दल' के नेताओं का सहयोग पाने के लिए 'नेहरू कमेटी रिपोर्ट' के रूप में 'ब्रिटिश साम्राज्य की छत्रच्छाया में उत्तरदायी शासन' की माँग का एक मसौदा तैयार कर लिया।

1927 में कांग्रेस 'पूर्ण स्वराज्य' को अपना लक्ष्य स्वीकार कर चुकी थी। यह माँग देश और कांग्रेस के वामपक्ष की थी। इस कार्यक्रम पर चलने से सरकार से संघर्ष अनिवार्य था। 1928 दिसम्बर, कलकत्ता में कांग्रेस के अधिवेशन में 'नेहरू कमेटी रिपोर्ट' का, ब्रिटिश छत्रच्छाया में उत्तरदायित्व शासन को फिर से ध्येय स्वीकार करने का प्रस्ताव रखा गया और इसके समर्थक थे गाँधी जी। जनता पीछे लौटने के लिए तैयार नहीं थी इसलिए गाँधी जी ने इस प्रस्ताव के साथ यह भी शर्त जोड़ दी कि यदि सरकार 1929 के अन्त तक यह माँग पूरी नहीं कर देती तो कांग्रेस सार्वजनिक असहयोग और कानून-भंग के सत्याग्रह का आन्दोलन आरम्भ कर देगी। प्रस्ताव में यह भी स्पष्ट कर दिया गया कि इस बार असहयोग और कानून-भंग सत्याग्रह लगानबन्दी से ही आरम्भ किया जायेगा।

गाँधी द्वारा जोड़ी गयी शर्त से स्पष्ट है कि उनका वास्तविक लक्ष्य 'साम्राज्यवादी छत्रच्छाया में उत्तरदायी शासन' ही था। कांग्रेस के यों पीछे कदम हटाने से जनता बहुत

असन्तुष्ट थी। अधिवेशन के समय अपना असन्तोष प्रकट करने के लिए पचास हजार मजदूरों ने कांग्रेस पण्डाल के सामने कांग्रेस की नीति के विरोध में प्रदर्शन किया। कांग्रेस ने आन्दोलन आरम्भ करने से पूर्व सरकार को जो एक वर्ष का समय दिया उसका पूरा लाभ सरकार ने उठाया। सरकार जानती थी उनके शासन को वास्तव में किससे भय है? उन्होंने मार्च, 1929 में ही देश भर से मजदूर नेताओं को गिरफ्तार करके मेरठ में उन पर एक विद्रोह के षड्यन्त्र का मामला शुरू कर दिया।

कांग्रेस की चुनौती का एक और भी वर्ष बीत गया। 1929 के अन्त में लाहौर अधिवेशन में फिर से 'पूर्ण स्वराज्य' का प्रस्ताव पण्डित नेहरू के सभापतित्व में पास कर लिया गया। भारत की स्वतन्त्रता भी घोषित कर दी गयी परन्तु जब कलकत्ता अधिवेशन के अनुसार असहयोग आन्दोलन आरम्भ करने का समय आया तो गाँधी जी ने फिर एक पत्र में ग्यारह शर्तें वाइसराय को लिख भेजीं कि यदि सरकार इन शर्तों को ही मान ले तो भी जनता को आन्दोलन से रोक लिया जाये। सरकार आन्दोलन के दमन के लिए तैयार थी। अपनी शक्ति के अहंकार में उसने गाँधी जी की ग्यारह शर्तों की ओर कोई ध्यान नहीं दिया।

गाँधी जी दुविधा में थे। सरकार किसी प्रकार झुककर अपनी प्रतिष्ठा में कमी सहन करना नहीं चाहती थी। कांग्रेस यदि आन्दोलन आरम्भ करती है तो उसके हिंसात्मक (क्रान्तिकारी) हो जाने की पूरी आशंका थी, यदि कांग्रेस आन्दोलन आरम्भ नहीं करती तो जनता का नेतृत्व ऐसे पक्ष के हाथ में चला जाता जो अहिंसा के नाम पर विदेशी व्यवस्था को बनाये रखने के लिए तैयार नहीं था। इन परिस्थितियों में गाँधी जी देश के मजदूर-किसान दलों के साथ किसी प्रकार का सहयोग न कर ब्रिटिश व्यवसाय से ही समझौता करने में कांग्रेस का कल्याण समझते थे। इस अवस्था में गाँधी जी ने वाइसराय को जो पत्र लिखा वह उनकी राजनीति और लक्ष्य को बहुत स्पष्ट कर देता है। यह पत्र था–

"देश में हिंसात्मक दल बढ़ता जा रहा है और इस दल का प्रभाव भी अनुभव हो रहा है...। मेरा उद्देश्य है अहिंसा की रक्षा करना। इस उद्देश्य से मैं सरकार की संगठित हिंसा का सामना करूँगा और हिंसात्मक दल के बढ़ते हुए प्रभाव का भी। यदि मैं निष्क्रिय रहता हूँ तो दोनों प्रकार की हिंसा को प्रोत्साहन मिलता है।"[1]

गाँधी जी का यह पत्र वाइसराय को इस बात का सुझाव था कि देश में मौजूद व्यवस्था के शत्रु हिंसात्मक आन्दोलन के विरुद्ध कांग्रेस और ब्रिटिश सरकार का सहयोग परस्पर हितकर होगा परन्तु सरकार अपनी गद्दी से झुकने के लिए तैयार नहीं थी। जनता पर अपना नेतृत्व बनाये रखने के लिए आन्दोलन आरम्भ करना कांग्रेस के लिए अनिवार्य हो गया। कलकत्ता अधिवेशन के प्रस्ताव के अनुसार यह आन्दोलन

1. Gandhi's Letter to Viceroy, March 2, 1930. R. Palme Dutt. India To-day. 1946, p. 340.

सार्वजनिक असहयोग और लगानबन्दी से आरम्भ होना चाहिए था, या श्री बोस के प्रस्ताव के अनुसार कांग्रेस को विदेशी सरकार के मुकाबले अपनी सरकार बनाकर शासन शंक्ति अपने हाथ में लेने का कार्यक्रम शुरू करना चाहिए था। परन्तु ऐसे सभी कार्यक्रमों का अनिवार्य परिणाम देश में व्यवस्था की क्रान्ति हो जाता। ऐसे अवसर पर गाँधी जी ने अहिंसा (व्यवस्था) की रक्षा करते हुए निरर्थक सरकार-विरोधी आन्दोलन में जनता को उलझा देने का अद्भुत कार्यक्रम ढूँढ़ निकाला, जिसमें जनता की शक्ति का बुखार भी उतर जाय और व्यवस्था पर भी चोट न आये। यह थी सूझ 'नमक कानून-भंग' के आन्दोलन की। नमक कानून के अत्याचार के कारण न तो जनता भूखी मर रही थी, न नमक के लिए हाय-हाय कर रही थी। कांग्रेसी राज में नमक कर हट जाने के बाद नमक पहले की अपेक्षा कठिनाई से ही मिल रहा है और कई गुना महँगा भी। नमक कानून का तोड़ना सरकार पर चोट नहीं जनता को शक्ति का अपव्यय मात्र था। अलबत्ता इस आन्दोलन ने सरकार विरोधी भावना को बढ़ाने में जरूर सहायता दी।

गाँधी जी ने अहिंसा की रक्षा के लिए लगानबन्दी न कर नमक कानून भंग करने का आन्दोलन चलाया परन्तु जनता नमक कानून को सरकार के प्रति विरोध, घृणा और प्रतिहिंसा की भावना के कारण ही तोड़ रही थी। नमक-कानून तोड़कर जो नमक बनाया जाता था वह लाभ की चीज नहीं केवल सरकार को चिढ़ाने के प्रयोजन से अपनी शक्ति का अपव्यय था। जनता ने जब नमक-कानून तोड़ने के रूप में सरकार का विरोध शुरू किया तो वह और भी कई तरह से विरोध करने लगी। सरकार पुलिस और सेना की सहायता से इस आन्दोलन का दमन कर रही थी। इस वर्ष के आन्दोलन के पेशावर काण्ड से गाँधीवादी नीति के अहिंसा सम्बन्धी दाँव-पेंच के प्रयोजन की झलक ठीक-ठीक मिल जाती है।

इस आन्दोलन में पेशावर की जनता के कानून-भंग और विद्रोह प्रदर्शन का जब अंग्रेजी सरकार पुलिस की शक्ति से दमन न कर सकी तो सरकार ने पेशावर की अधिकांश मुस्लिम जनता पर दमन के लिए नं. 2 बैटेलियन से 18वीं रायल-गढ़वाल राइफल की दो पल्टनों को शहर में भेजा गया। यह पल्टन पहाड़ी हिन्दू सिपाहियों की थी। पल्टनों को मुस्लिम जनता पर गोली चलाने की आज्ञा दी गयी। गढ़वाली पल्टन ने निहत्थी जनता पर गोली चलाने से इनकार कर दिया। कुछ सिपाहियों ने अपनी बन्दूकें जनता को दे दीं। इस पल्टन को शहर से हटा लिया गया। छावनी में जाकर इन सिपाहियों ने विद्रोह का प्रदर्शन नहीं किया, बल्कि सत्याग्रहियों की तरह आत्म-समर्पण कर गिरफ्तार हो गये। इस घटना के परिणाम में 25 अप्रैल से 4 मई तक पेशावर में ब्रिटिश राज गायब हो गया।

यदि कांग्रेस इन सिपाहियों के व्यवहार को दूसरे सिपाहियों के लिए अनुकरणीय बताती तो यह घटना देश में एक सफल क्रान्ति कर ब्रिटिश सरकार की जड़ें हिला देती

परन्तु इस घटना ने गाँधी जी और कांग्रेस को उत्साहित नहीं, भयभीत ही किया। कांग्रेस के कार्यक्रम की दृष्टि से इन सिपाहियों के व्यवहार की मीमांसा की जाय तो हम इस परिणाम पर पहुँचते हैं कि इन सिपाहियों ने हिन्दू-मुस्लिम एकता का अनुकरणीय उदाहरण पेश किया, अपने ऊपर आपत्ति की भी परवाह न कर रक्तपात से दूर रहकर अहिंसा को निभाया, विनयपूर्वक सरकार की आज्ञा भंग कर अपने-आपको बिना विरोध के गिरफ्तार भी करा दिया। गाँधी जी और कांग्रेस के सिद्धान्तों के अनुसार यह लोग देश की प्रशंसा के पात्र तथा आदर्श सत्याग्रही थे, परन्तु गाँधी जी ने इनकी कठोर निन्दा की।

गाँधी जी ने इस विषय पर वक्तव्य दिया—"यदि गोली चलाने की आज्ञा मिलने पर कोई सिपाही गोली चलाने से इनकार करता है तो वह अपनी प्रतिज्ञा भंग करता है। वह प्रतिज्ञा-भंग के दोष का अपराधी है।"[1] गाँधी जी के इस वक्तव्य का अर्थ भारतीय सेना ने यही समझा कि देश की स्वतन्त्रता के संघर्ष में सैनिकों का सहयोग कांग्रेस को स्वीकार नहीं, देश से उसका कोई सम्बन्ध नहीं समझा जाता।

गाँधी जी द्वारा इन सिपाहियों की निन्दा अहिंसा के प्रति गाँधीवाद की श्रद्धा की वास्तविकता को प्रकट कर देती है। जहाँ तक इन सिपाहियों से प्रतिज्ञा-भंग करने का प्रश्न है, वैधानिक सभाओं के मेम्बरों और वकीलों को असहयोग करने के लिए पुकारना क्या उन लोगों को राजभक्ति की प्रतिज्ञा-भंग करने के लिए पुकारना नहीं था? वास्तव में गाँधी जी को भय था कि गढ़वाली सिपाहियों के व्यवहार से प्रकट होनेवाली हिन्दू-मुस्लिम एकता और राजद्रोह, व्यवस्था को क्रान्ति द्वारा पलटने का आधार बन जायेंगे।

कांग्रेस का इतिहास इस बात का साक्षी है कि यह आन्दोलन आरम्भ करते समय गाँधी जी 'राजद्रोह' को अपना धर्म घोषित कर चुके थे। गाँधी जी का 'राजद्रोह' की घोषणा करना धर्म हो सकता था परन्तु सिपाहियों का, स्वामी की हिंसा करने की आज्ञा न मानना भी पाप हो गया। गाँधीवाद की नीति के अनुसार सिपाही, नौकर और मजदूर का एक ही धर्म है—मालिक की आज्ञा का पालन, इस श्रेणी को अपना धर्म स्वयं निश्चय करने का अधिकार नहीं। इन सिपाहियों की निन्दा की जाने से संसार के अहिंसावादी लोग चकरा गये। गाँधी जी के 'राउण्ड-टेबल' कान्फ्रेन्स में लन्दन जाने पर फ्रेंच पत्रकार चार्ल्स पेत्राश ने उनसे इस विषय में फिर प्रश्न किया और गाँधी जी ने इन सिपाहियों की निन्दा करने का कारण यों स्पष्ट किया—

"...मैं सरकारी अफसरों और सिपाहियों को आज्ञा-भंग करने के लिए नहीं कह सकता क्योंकि जब शक्ति मेरे हाथ में आयेगी, मुझे भी इन्हीं सरकारी नौकरों और इन्हीं सिपाहियों से काम लेना है। यदि मैं उन्हें आज्ञा-भंग करना सिखाता हूँ तो मुझे भी यह

1. R. Palme Dutt, India To-day, 1949, p. 343.

भय होना चाहिए कि शक्ति मेरे हाथ में होने के समय भी वे ऐसा ही करेंगे।" गाँधी जी का यह वक्तव्य स्पष्ट कर देता है कि उनकी कल्पना में स्वराज्य का क्या आदर्श और रूप था। अहिंसा के प्रति गाँधीवाद की भक्ति जीवन के दर्शन के रूप में नहीं बल्कि एक राजनैतिक शस्त्र के रूप में थी। आदर्श रूप में अहिंसा से उनका अभिप्राय, शस्त्र प्रयोग न करना नहीं बल्कि पूँजीवादी व्यवस्था की रक्षा ही रहा है। भारतीय प्रजा के शासन के लिए सेना और पुलिस को आवश्यक समझते थे। प्रेम से हृदय-परिवर्तन का उपाय और नीति केवल ब्रिटिश और भारतीय पूँजीपति श्रेणी के आपसी झगड़े को मिटाने के लिए था।

सन् 1930 में गाँधी जी जब तक जेल से बाहर रहे, वे इस नमक-सत्याग्रह आन्दोलन को नमक की पुड़िया में समेटे रहे परन्तु मई मास में उनके जेल चले जाने पर आन्दोलन ने व्यापक रूप ले लिया। लगभग साठ हजार व्यक्ति जेलों में पहुँच गये। आन्दोलन की व्यापकता के कारण जनता को नमक की कठिनाई नहीं थी बल्कि जनता को विदेशी शासन के प्रति घृणा ही थी। इस समय तक सरकार कांग्रेस-आन्दोलन के कार्यक्रम का अनुभव पा चुकी थी और 1922 की अपेक्षा आन्दोलन को दबाने के लिए अधिक तैयार थी परन्तु कोई भी शासन प्रजा के सहयोग के बिना चल नहीं सकता। सरकार के पाँव फिर डगमगा रहे थे। देश में मौजूद ब्रिटिश व्यापारी श्रेणी भी शीघ्र ही कांग्रेस से समझौते की माँग कर रही थी। लन्दन के समाचार-पत्र 'स्पेक्टेटर' में 5 जुलाई, 1931 के अंक में बम्बई से एक अंग्रेज यात्री ने लिखा था—"यहाँ मजदूरों के प्रदर्शनों का यह हाल है कि यदि पुलिस और फौज उनका मुकाबला करने के लिए न हो तो ये एक ही दिन में शहर पर कब्जा कर लें।" शोलापुर के मजदूरों ने तो नगर पर अपना शासन स्थापित ही कर लिया था जो पूरे सात दिन उनके हाथ में रहा। इतने समय में किसी प्रकार की लूट-पाट चोरी की कोई भी घटना वहाँ नहीं हुई। क्या यह मजदूरों की हिंसापरक प्रवृत्ति का उदाहरण माना जायेगा?

कांग्रेस के नेता इन मजदूरों को लगातार आन्दोलन से दूर रहने के लिए समझा रहे थे। मजदूरों के प्रदर्शनों में तिरंगे-झण्डों की अपेक्षा लाल झण्डों की अधिकता रहती थी। इस समय यदि मजदूरों को दबाकर रखनेवाले भारतीय सैनिकों के सामने गढ़वाली पल्टन की देशभक्ति और अहिंसा का उदाहरण पेश कर उन्हें देश की स्वतन्त्रता के संघर्ष में सम्मिलित होने के लिए पुकारा जाता तो क्या परिणाम होता? इसकी कल्पना करना कठिन नहीं है। उस समय आन्दोलन को रोककर ब्रिटिश शासन की रक्षा न करने से देश घनिष्ठ हिन्दू-मुस्लिम एकता की अवस्था में स्वतन्त्र होता और दूसरे महायुद्ध से भारत के जर्जरित और शोषित होने की अवस्था भी न आती। इतने और वर्षों तक ब्रिटिश शासन की गुलामी के लिए भारत की जनता कांग्रेस की गाँधीवादी नीति के प्रति ही कृतज्ञ रहेगी।

जेल में पहुँचकर गाँधी जी जनता को शान्त रहने के सन्देश भेजते रहे और फिर गाँधी जी के 'राउण्ड-टेबल' कान्फ्रेन्स में भाग लेने के लिए तैयार हो जाने से आन्दोलन स्थगित हो गया। कुछ मास पूर्व 1930 में गाँधी जी ने इसी कान्फ्रेन्स में भाग लेने से इनकार कर दिया था और आन्दोलन आरम्भ करते समय घोषणा की थी–"अव तक मुझे दरख्वास्त देने, डेपुटेशन भेजने और मित्रतापूर्ण पत्र-व्यवहार में विश्वास था परन्तु अब वह सब मिट गया है "gone to dogs" मैं समझ गया हूँ कि सरकार इन चीजों से नहीं समझ सकती। राजद्रोह अब मेरा धर्म हो गया है। हमारा यह धार्मिक कर्त्तव्य हो गया कि हम इस सरकार के अभिशाप (this curse Government) को मिटा दें।"[1] परन्तु सिपाहियों और मजदूरों को यह अधिकार नहीं था कि वे भी राजद्रोह अपना धर्म समझें; शायद इसलिए कि वे ईश्वर की प्रेरणा नहीं पा सकते लेकिन अपने नेता से राजद्रोह के धर्म की घोषणा सुनकर, अपने निश्शस्त्र भाइयों पर गोली चलाने की आज्ञा को अस्वीकार करनेवाले सिपाहियों की निन्दा को उनके प्रति धोखा या विश्वासघात के अतिरिक्त और क्या कहा जा सकेगा?

'सरकार के अभिशाप' को समाप्त करने के लिए 'राजद्रोह' का आन्दोलन चलाकर गाँधी जी ने देखी बम्बई में मजदूरों की शक्ति, शोलापुर में मजदूरों का शहर पर अपना शासन कायम कर लेना, उत्तर प्रदेश में लगानबन्दी की माँग और सिपाहियों में भी सरकार के प्रति विद्रोह की भावना, पूर्ण क्रान्ति के सभी साधन! आन्दोलन को इस रूप और रास्ते जाते देख गाँधी जी का विश्वास मित्रतापूर्ण बातचीत द्वारा हृदय-परिवर्तन की ओर लौट आया। 'राउण्ड-टेबल कान्फ्रेन्स' में आपने ब्रिटिश सरकार के सामने पुनः प्रतिज्ञा की–"हमें ब्रिटेन के हृदय में भारत (या भारतीय पूँजीपतियों) के लिए प्रेम उत्पन्न करना है। यदि आप समझते हैं कि हमें इस कार्य में सौ वर्ष लग जायेंगे तो कांग्रेस सौ वर्ष तक अग्नि-परीक्षा में तपती रहेगी।"[2]

गाँधी जी की 1930 की राजद्रोह को धर्म समझने की घोषणा और 'राउण्ड-टेबल कान्फ्रेन्स' के वक्तव्यों में शाश्वत सत्य का क्या सम्बन्ध है इसे गाँधीवाद ही समझ सकता है। भारत की जनता के सम्मुख 'राजद्रोह के' धर्म की घोषणा और इंग्लैण्ड की पूँजीपति श्रेणी के सम्मुख प्रेम की प्रतिज्ञाओं में सत्य का क्या सम्बन्ध है, यह केवल ईश्वर-प्रेरणा द्वारा ही जाना जा सकता है। 'राउण्ड-टेबल कान्फ्रेन्स' में गाँधी जी के सलाहकार के रूप में प्रसिद्ध पूँजीपति बिड़ला भी साथ थे। बिड़ला बड़े गर्व से लिखते हैं कि उन्होंने गाँधी जी को डाँटकर समझा दिया था कि व्यापारी मामलों में उनकी राय के बिना मुँह न खोलें। सम्भव है सत्य और अहिंसा के अनेक रहस्यों को समझने

1. 'कांग्रेस का इतिहास' पट्टाभि सीतारमैय्या, पृ. 751.
2. वही, पृ. 831.

के लिए गाँधी जी को ईश्वर की प्रेरणा बिड़ला के मस्तिष्क द्वारा ही मिल सकती हो।[1]

अंग्रेज सरकार को अपनी मित्रता और उनके न्याय के प्रति विश्वास दिलाने पर भी गाँधी जी को इंग्लैण्ड में इतनी ही सफलता मिली कि उन्हें वहीं यह कह देना पड़ा कि भारत लौटकर उन्हें फिर आन्दोलन जारी करना पड़ेगा।[2] परन्तु भारत लौटकर गाँधी जी ने लॉर्ड विलिंगडन को तार देकर उनसे समझौते के लिए मुलाकात की भी इच्छा प्रकट की। सरकार समझौता नहीं चाहती थी, वह चाहती थी कांग्रेस का पूर्ण दमन। वाइसराय ने गाँधी जी से मुलाकात नहीं की बल्कि आर्डिनेन्स जारी करके गाँधी जी सहित कांग्रेस के सभी नेताओं को जेल भेज दिया गया।

इतने दिन आन्दोलन स्थगित रहने का लाभ सरकार ने ही उठाया, कांग्रेस ने नहीं। आन्दोलन फिर आरम्भ हुआ परन्तु गाँधी जी के जेल के भीतर रहने के कारण 'सत्य-अहिंसा' के बन्धन पूरी तरह लागू न हो सके। अब की बार जनता के आग्रह के कारण लगानबन्दी के आन्दोलन को लगान स्थगित करने के रूप में जारी करने की इजाजत कांग्रेस को देनी ही पड़ी। यह भी शायद इसीलिए सम्भव हो सका कि गाँधी जी जेल में होने के कारण लगानबन्दी का विरोध नहीं कर सके। सरकार की सब तैयारियों के बावजूद आन्दोलन ने उग्र रूप धारण कर लिया। नब्बे हजार व्यक्ति जेलों में पहुँच गये। आन्दोलन की ऐसी प्रगति देखकर जेल में गाँधी जी का हृदय धड़क रहा था।

गाँधी जी ने जेल में पहले अछूतों की समस्या पर और फिर अपने साथियों के हृदय की शुद्धि के लिए अनशन कर दिया। अनशन की अवस्था में सरकार ने उन्हें रिहा कर दिया। आन्दोलन के कारण गाँवों की जनता में विद्रोह फैलता देखकर गाँधी जी ने कांग्रेस को आन्दोलन और सरकार को दमन स्थगित करने की सलाह दी। कांग्रेस ने तो आन्दोलन स्थगित कर दिया परन्तु सरकार ने गाँधी जी की प्रार्थना ठुकरा दी। गाँधी जी बहुत दुविधा में थे कि क्रान्ति की ओर बढ़ता आन्दोलन भी स्थगित हो जाये और कांग्रेस की प्रतिष्ठा भी बनी रहे। इसका उपाय उन्होंने यह निकाला कि सब कांग्रेस कमेटियों और युद्ध कमेटियों को बरखास्त कर दिया जाय और व्यक्तिगत सत्याग्रह आरम्भ हो। कांग्रेस का संगठन ही न रहा तो उसकी प्रतिष्ठा का प्रश्न भी न रहा। गाँधी जी द्वारा कांग्रेस के संगठन को ठीक ऐसे समय भंग कर देना जबकि वह ब्रिटिश सरकार को जड़ से उखाड़ देने के अथवा भूमि के कर की सामन्तवादी प्रथा की जड़ों पर चोट कर रहा था, एक अत्यन्त रहस्यपूर्ण ऐतिहासिक तथ्य है। ब्रिटिश सरकार की इससे अधिक सहायता और क्या हो सकती थी? व्यक्तिगत सत्याग्रह का पूर्ण नेतृत्व उन्होंने रखा अपने हाथ में।

---

1. 'डायरी के कुछ पन्ने' श्री घनश्यामदास बिड़ला, पृ. 60.
2. महात्मा गाँधी की चर्चिल के पुत्र से मुलाकात-डायरी के पन्ने, पृ. 50

व्यक्तिगत सत्याग्रह के सिद्धान्त ने 1941-42 में और भी अद्भुत पैंतरे दिखाये। गाँधी जी ने सब सत्याग्रहियों को कानून-भंग से रोककर स्वयं सत्याग्रह आरम्भ किया और जनता के सामने सत्याग्रह का उदाहरण यह रखा कि साबरमती-आश्रम की भूमि पर कर न देने के लिए उन्होंने आश्रम की भूमि सरकार को भेंट कर दी। वास्तव में तो जब भूमि गाँधी जी के पास न रही तो उस पर कर देने का प्रश्न ही नहीं उठता था लेकिन प्रयोजन था जनता को यह सिखाने का कि यदि किसान लगानबन्दी भी करें तो खेती की अपनी भूमि पर अपना अधिकार करने के लिए नहीं। अर्थात् भूमि पर जमींदार या सरकार के स्वामित्व के अधिकार पर कोई चोट न आये। अभागा किसान लगानबन्दी का आन्दोलन आध्यात्मिक उन्नति के लिए नहीं बल्कि जिन्दा रहने के अवसर के लिए कर रहा था। गाँधी जी ने उसे जीवन के आधार भूमि को छोड़ देने का उपदेश दिया। सम्पत्ति के अधिकारों की रक्षा का इससे अच्छा मार्ग अब तक कोई भी सामन्तवादी या पूँजीवादी नेता नहीं निकाल सका।

परन्तु ब्रिटिश सरकार को अपनी शक्ति पर अन्ध अभिमान था। वह चाहती थी, गाँधी जी और कांग्रेस को नीचा दिखाकर इन्हें जनता की नजरों में गिरा देना। सरकार ने आश्रम की भूमि लेने से इन्कार कर दिया और गाँधी जी को फिर गिरफ्तार कर लिया गया। गाँधी जी का सरकार को अपनी भूमि सौंप देना असहयोग नहीं कहा जायेगा। सरकार का यह भूमि स्वीकार न करना ही असहयोग कहा जायेगा।

अब की बार गाँधी जी ने जेल में असुविधा होने के कारण अनशन कर दिया और रिहा कर दिये गये।[1] छूट जाने पर फिर सत्याग्रह करना उन्हें सत्य-अहिंसा की भावना के विरुद्ध जान पड़ा। इसमें गाँधी जी को 'सत्य-अहिंसा' का एक ही लक्ष्य दिखायी दे रहा था, जैसे भी हो आन्दोलन स्थगित हो जाये। गाँधी जी ने न केवल अपना व्यक्तिगत सत्याग्रह स्थगित कर दिया बल्कि पूरे आन्दोलन को ही स्थगित कर दिया। इस अवसर पर गाँधी जी का 7 अप्रैल, 1935 का बयान था–

'जो लोग मेरे प्रत्यक्ष दिये गये या अप्रत्यक्ष रूप से समझे परामर्श के अनुसार स्वराज्य प्राप्ति के लिए सत्याग्रह करने के लिए प्रेरित हुए हों, कृपा कर सत्याग्रह करने से रुक जायें।'[2]

इस आन्दोलन को आरम्भ करते समय, 27 फरवरी, 1930 को जो घोषणा गाँधी जी ने की थी, यहाँ उसे भी याद कर लेना अप्रासंगिक न होगा। यह घोषणा थी–"इस बार सविनय अवज्ञा भंग आन्दोलन आरम्भ होने पर रुक नहीं सकेगा और उस समय तक समाप्त नहीं होगा जब तक कि एक भी सत्याग्रही जेल से बाहर रहेगा या जीवित रहेगा।" यह गाँधीवाद के कर्म और वचन की एकता का प्रमाण है।

---

1. 'कांग्रेस का इतिहास' पृ. 576.
2. वही, पृ. 584.

जहाँ तक कांग्रेस के आन्दोलन का सम्बन्ध था, वह पूर्ण आत्म-समर्पण और असफलता से समाप्त हुआ। जनता को व्यवस्था की क्रान्ति के मार्ग की ओर बढ़ते देखकर कांग्रेस को पूँजीवादी व्यवस्था और ब्रिटिश शासन की रक्षा के लिए आन्दोलन को स्थगित कर देना पड़ा। कांग्रेस अपने असहयोग का दबाव डालकर ब्रिटिश सरकार को अपनी माँगों से सहयोग करने के लिए विवश न कर सकी। कांग्रेसी नेता ही फिर से विधान सभाओं में जाकर सरकार से सहयोग के लिए विवश हो गये। ब्रिटिश सरकार ने कांग्रेस को तो खूब नीचा दिखा लिया परन्तु जनता की क्रान्तिकारी भावना के आतंक को और अपने शासन की एकमात्र रक्षक अपनी भारतीय सेनाओं में भी विद्रोह की आशंका भी उसने समझ ली।

इस देश में अभी तक ब्रिटिश-शासक श्रेणी के सहयोगी थे, देशी नरेश और जमींदार। इनके सहयोग से अपने शासन की रक्षा का भरोसा ब्रिटिश सरकार अब नहीं कर सकती थी। उन्हें आवश्यकता थी देश की जनता पर प्रभाव रखनेवाली राजनैतिक शक्तियों के सहयोग की जो विदेशी सरकार को जनता के विरोध से बचा सकें। ब्रिटिश शासक श्रेणी ने, इस समय तक देश में खूब बढ़ चुके हिन्दु-मुस्लिम भेद की स्थिति का फायदा उठाकर, देश के ग्यारह प्रान्तों में कांग्रेस को और शेष प्रान्तों में मुसलिम लीग को, ब्रिटिश गवर्नरों के मातहती में प्रान्तीय शासन का अवसर देकर, यह सहयोग प्राप्त कर लिया। पूर्ण स्वराज्य की प्रतिज्ञाओं से जनता को उनकी मुक्ति की आशा दिला-दिलाकर अपना प्रभाव ब्रिटिश सरकार को दिखानेवाली कांग्रेस, अपनी पूँजीपति श्रेणी को इस अवसर से लाभ उठाने का मौका देने के लिए, प्रान्तीय शासन के अधिकार को 'स्वराज्य की छाया मात्र' कहकर भी इसके लिए लपक पड़ी।

कांग्रेस का अन्तिम सत्याग्रह

1937 के चुनावों में जनता ने कांग्रेस के प्रति अंग्रेज सरकार के समर्थकों के प्रति जिस प्रकार विरोध और अपना विश्वास प्रकट किया था सन्देह का कोई अवसर शेष नहीं रह गया था यदि कांग्रेस विदेशी व्यवस्था को समाप्त करने के लिए कदम उठाती तो देश की पूरी जनता उसके साथ थी परन्तु कांग्रेस ने विदेशी व्यवस्था को समाप्त करने के लिए कदम न उठाकर ब्रिटिश साम्राज्यशाही की आर्थिक व्यवस्था के अन्तर्गत, भारतीय पूँजीपति श्रेणी के हाथ में शासन पाने के लिए समझौते का प्रयत्न शुरू किया। प्रान्तीय स्वराज्य की व्याख्या करते हुए गाँधी जी ने अपने पत्र 'हरिजन' में लिखा था–"प्रजातन्त्रवादी ब्रिटेन ने भारत में एक विचित्र व्यवस्था कायम की है। यह व्यवस्था वास्तव में एक सुसंगठित सैनिक शासन ही है। नये भारतीय विधान से इसमें कोई अन्तर नहीं आ पाया है। जहाँ तक शासन के वास्तविक अधिकारों और शक्ति का सम्बन्ध है, मन्त्री लोग केवल खिलौना मात्र हैं। कलेक्टर और पुलिस जब चाहें गवर्नरों का इशारा पाते ही इन मन्त्रियों को पकड़कर कोतवाली में बन्द कर दे सकते हैं इसलिए मैं कहता हूँ कि कांग्रेस ने नया विधान बनानेवालों की इच्छा को पूर्ण करने के लिए इसे स्वीकार नहीं किया बल्कि इस विधान को समाप्त कर भारत के लिए यथासम्भव शीघ्र वास्तविक स्वतन्त्रता का विधान बनाने का प्रयत्न करने के लिए ही इस विधान को स्वीकार किया है।"[1] परन्तु इस प्रान्तीय स्वायत्त शासन के समय जहाँ और जब भी किसान-मजदूर जनता ने विदेशी व्यवस्था द्वारा स्थापित आर्थिक व्यवस्था के शोषण के बन्धनों के विरुद्ध आवाज उठायी, कांग्रेस सरकारों ने इस पुकार का दमन करके ब्रिटिश शासन की शोषक व्यवस्था को जमाये रखने और पूँजीपति श्रेणी के नियन्त्रण को दृढ़ बनाने का ही प्रयत्न किया।

कांग्रेस को प्रान्तीय शासन का जो अवसर मिला था उसमें कांग्रेस की प्रवृत्ति जनता को आत्मनिर्णय का अवसर देकर सर्वसाधारण के शोषण के बन्धनों को तोड़ने की ओर था अथवा पूँजीवादी श्रेणी का निरंकुश शासन भारतीय जनता पर कायम करने की ओर, यह बात 1939, सितम्बर में दूसरा विश्वव्यापी युद्ध आरम्भ हो जाने पर शीघ्र ही स्पष्ट हो गयी।

दूसरा विश्वव्यापी युद्ध 1939, सितम्बर से 1945, अगस्त तक रहा। इस समय फिर से भारत में जनवादी शक्तियों और ब्रिटिश शासन-शक्ति में जोर आजमाई होती रही।

1. 'Harijan' August, 1938.

देश की जनता और ब्रिटिश शासन-शक्ति के बीच इस संघर्ष में कांग्रेस की नेताशाही का व्यवहार स्पष्ट रूप से ब्रिटिश शासन-शक्ति को जनता की चोट से बचाकर जनता को आत्मनिर्णय के अधिकार का अवसर पा सकने से वंचित रखने का और देश की पूँजीवादी श्रेणी के लिए शासन का अधिकार पा सकने के लिए ब्रिटिश सरकार का सहयोग पाने का ही रहा।

युद्ध आरम्भ होते ही वाइसराय ने कांग्रेस सरकारों की अनुमति लिये बिना भारत के युद्ध में भाग लेने की घोषणा कर दी। कांग्रेस ब्रिटिश साम्राज्यशाही को युद्ध में सहायता देने का 'मूल्य' चाहती थी। कांग्रेस ब्रिटेन की सहायता के लिए देश का जन और धन दे सकती थी और इस सहायता के मूल्य में वह देश की पूँजीपति श्रेणी के हाथ में शासन अधिकार ले लेना चाहती थी। इस 'मूल्य' का आश्वासन न मिलने के कारण कांग्रेस ने ब्रिटिश साम्राज्यशाही को सहायता न देने के लिए असहयोग की घोषणा कर दी।

कांग्रेस ने युद्ध से असहयोग का जो आन्दोलन चलाया वह अनोखे ही ढंग का था। इस आन्दोलन के समय कांग्रेस की नीति और कार्यक्रम को समझने के लिए कुछ बातों को ध्यान में रखना आवश्यक है। देश की सर्वसाधारण जनता क्या चाहती थी, कांग्रेस की नीति पर नियन्त्रण रखनेवाला दल क्या चाहता था और ब्रिटिश साम्राज्यशाही का उद्देश्य क्या था? सर्वसाधारण जनता का उद्देश्य तो सदा से स्पष्ट रहा था, जीवन रक्षा के अवसर और अधिकार की माँग। प्रधान शोषक विदेशी शासन के बन्धन से मुक्ति की रक्षा। कांग्रेस की नीति पर नियन्त्रण रखनेवाला दल जो कि पूँजीपति श्रेणी की भावना का प्रतिनिधि था, देश के शासन का अधिकार चाहता था परन्तु विदेशी शासन द्वारा कायम की हुई आर्थिक व्यवस्था को भी कायम रखना चाहता था। ब्रिटिश साम्राज्यशाही भारत की लूट पर अधिकार में किसी प्रकार का अन्तर नहीं आने देना चाहती थी।

ब्रिटिश सरकार द्वारा भारत के युद्ध में घसीटे जाने के विरोध में जो घोषणा कांग्रेस-कार्यकारिणी ने की वह कांग्रेस की नीति और उद्देश्यों की पैंतराबाजी को स्पष्ट कर देती है। युद्ध आरम्भ होते ही 14 सितम्बर, 1939 को कांग्रेस-कार्यकारिणी ने युद्ध से असहयोग का जो प्रस्ताव पास किया उसका भाव था—यह युद्ध साम्राज्यवादी उद्देश्य से साम्राज्यवादी ढंग पर लड़ा जा रहा है। इस युद्ध का उद्देश्य भारत और दूसरे देशों पर साम्राज्यवादी बन्धन को दृढ़ करना है इसलिए यह कमेटी इस युद्ध में किसी प्रकार का सहयोग नहीं दे सकती।

सिद्धान्त के नाम पर युद्ध से असहयोग की इस चुनौती के साथ ही कांग्रेस-कार्यकारिणी ने ब्रिटेन को सहायता का प्रलोभन देने के लिए यह घोषणा भी कर दी—"कांग्रेस-कार्यकारिणी ब्रिटिश सरकार से अनुरोध करती है कि युद्ध के सम्बन्ध में अपने प्रजातन्त्रात्मक

उद्देश्य को स्पष्ट करे और युद्ध के पश्चात् नयी साम्राज्यवादी व्यवस्था में भारत का स्थान क्या होगा? क्या ब्रिटेन युद्ध के बाद साम्राज्यशाही व्यवस्था का अन्त करके भारत को आत्म-निर्णय का अधिकार दे देगा?"

जिस समय कांग्रेस-कार्यकारिणी अपने सहयोग और असहयोग की शर्तें ब्रिटेन को सुना रही थी देश की सर्वसाधारण जनता ने इस साम्राज्यवादी युद्ध के प्रति अपना विरोध असन्दिग्ध व्यवहार से प्रकट कर दिया। 2 अक्टूबर, 1939 के दिन बम्बई में, उस समय ब्रिटिश सरकार द्वारा गैरकानूनी करार दी गयी कम्युनिस्ट पार्टी द्वारा प्रभावित मजदूरों ने एक व्यापक हड़ताल करके और प्रायः एक लाख की भीड़ का प्रदर्शन करके सर्वसम्मति से प्रस्ताव पास कर यह घोषणा कर दी—"हम लोग संसार भर को साम्राज्यवादी युद्ध में घसीटे जाने का विरोध करते हैं।"

कांग्रेस-कार्यकारिणी ने ब्रिटिश सरकार को पिघलते न देखकर अपनी माँगें ग्राह्य बनाने के लिए यह प्रार्थना की कि यदि सरकार केन्द्र में एक ऐसी अस्थायी राष्ट्रीय सरकार बना दे जिस पर केन्द्रीय विधान सभा के सदस्यों का भरोसा हो सके तो कांग्रेस देश की रक्षा के लिए युद्ध में सहयोग देने के अपने कर्त्तव्य को पूरा कर सकेगी परन्तु ब्रिटिश सरकार इसके लिए भी तैयार न हुई।

ब्रिटिश साम्राज्यशाही को मसकाने के लिए कांग्रेस ने एक ओर तो मन्त्री पदों से इस्तीफा देकर जनता के सामने सरकार से असहयोग की घोषणा कर दी, दूसरी ओर 14 सितम्बर, 1939 को घोषित किये असहयोग के प्रस्ताव में संशोधन करके और गाँधी जी को वाइसराय के पास अपने दूत के रूप में भेजकर, युद्ध में सहायता देने के लिए समझौते के रूप में शासन के अधिकार का मूल्य माँगती रही। कांग्रेस के इस व्यवहार से गाँधी जी की स्थिति कठिनाई में पड़ गयी।

गाँधी जी भारतीय जनता और संसार के दूसरे देशों की जनता के सामने अहिंसा के अपने सिद्धान्तों को आध्यात्मिक स्तर पर रखते आये थे। उनका दावा था कि वे केवल भारत के स्वार्थ की चिन्ता न कर संसार भर को शान्ति का मार्ग दिखा रहे हैं। अब कांग्रेस कार्यकारिणी में पटेल साहब, राजा जी और मौलाना आजाद को शासन का अधिकार मूल्य में माँगकर, युद्ध की हिंसा में सहयोग देने के लिए तैयार हो जाते देखकर, गाँधी जी को इस बात की आशंका हुई कि संसार की दृष्टि में उनके अहिंसा के दावे का कुछ मूल्य न रह जायेगा। शासन का अधिकार पाने के मूल्य में युद्ध की हिंसा में सहयोग देना गाँधी जी को अनैतिक जान पड़ रहा था।

गाँधी जी अपनी अहिंसा का विश्वास दिलाकर ही ब्रिटिश शासन से अपना उद्देश्य पूरा कराने पर तुले हुए थे। युद्ध की हिंसा से दूर रहना वे कहाँ तक उचित समझते थे? यह कहना कठिन है क्योंकि युद्ध आरम्भ होते ही गाँधी जी ने वाइसराय को यह आश्वासन दिया था कि उनका बस चले तो वे—"ब्रिटेन के संकट के समय कोई भी

शर्त पेश किये बिना ब्रिटेन को पूरी सहायता दिलाना चाहते हैं।'' कांग्रेस-कार्यकारिणी के पूना अधिवेशन में 27-28 जुलाई, 1940 को शासन का अधिकार पाने की शर्त पर ब्रिटिश साम्राज्यशाही को युद्ध में सहायता देने के प्रस्ताव के सम्बन्ध में गाँधी जी और कांग्रेस के दूसरे नेताओं में खूब आपसी दोषारोपण हुआ। गाँधी जी का कहना था कि मूल्य लेकर हिंसा में सहयोग देना अहिंसा के सिद्धान्त के प्रति अविश्वास प्रकट करना है। यदि हम ब्रिटेन को युद्ध में सहायता देना उचित समझते हैं तो वह बिना किसी शर्त के दी जानी चाहिए। पटेल साहब का कहना था कि जब गाँधी जी ब्रिटेन को युद्ध में सहायता देने में बुराई नहीं समझते तो इस सहायता का मूल्य क्यों न ले लिया जाये। राजा जी ने गाँधी जी पर यह ताना कसा कि 1914 में गाँधी जी ब्रिटिश साम्राज्यशाही की सहायता के लिए जब सैनिक भरती करा रहे थे तब इनका अहिंसा सिद्धान्त कहाँ गया था?[1]

गाँधी जी को अपने कार्यक्रम से सहमत न होते देख कांग्रेस उन्हें एक ओर छोड़कर सरकार से भाव-तोल में सफल न हो सकी। कांग्रेस के प्रमुख नेता जब गाँधीवाद को अपने उद्‌देश्य की पूर्ति में सहायक नहीं समझते तब उसे असंगत और अक्रियात्मक बताकर एक ओर छोड़ देते हैं परन्तु गाँधी जी के नाम पर जनता को अपने पीछे चलाने के लिए गाँधी जी को भारत का एकमात्र अचूक पथ-प्रदर्शक बताते आये हैं। ब्रिटिश सरकार गाँधी जी तथा कांग्रेस-कार्यकारिणी के मतभेद से परिचित थी ही, इसके अलावा उनके पास मुस्लिम लीग और कांग्रेस की प्रतिद्वन्द्विता का भी बहाना था। ब्रिटिश सरकार ने कांग्रेस की केन्द्र में अस्थायी सरकार की माँग का उत्तर दिया कि देश पर संकट की अवस्था में सरकार देश का शासन किसी एक ऐसी पार्टी के हाथ में सौंपने के लिए तैयार नहीं हो सकती, जिसके विरोध में देश का एक महत्त्वपूर्ण अंग (मुस्लिम जनता) खड़ा हो।

अपनी माँग ठुकरा दी जाने के कारण कांग्रेस ने जनता के असन्तोष का दबाव सरकार पर डालकर अपने सहयोग का मूल्य भी समझ लेना आवश्यक समझा। इससे पूर्व युद्ध आरम्भ होते ही मन्त्री पदों से इस्तीफे देकर कांग्रेस जनता को संघर्ष का संकेत दे चुकी थी। कांग्रेस का यह अनुमान कि युद्ध के संकट की परिस्थिति में ब्रिटिश सरकार जनता पर कांग्रेस के प्रभाव के भय से उनकी शर्तों को तुरन्त मान लेगी ठीक प्रमाणित नहीं हुआ। जनता सरकार से संघर्ष पर तुली बैठी थी। वामपक्ष की शक्तियाँ संघर्ष के लिए उतावली जनता का नेतृत्व सँभाले ले रही थीं। कम्युनिस्ट पार्टी यद्यपि गैरकानूनी होने के कारण आन्दोलन का नेतृत्व प्रकट रूप में नहीं कर सकती थी परन्तु उनके युद्ध-विरोधी कार्यक्रम की ओर जनता खिंची चली जा रही थी। जब तक कांग्रेस

---

1. इस अवसर पर पटेल साहब, राजा जी और दूसरे कांग्रेसी नेताओं ने गाँधी जी की अहिंसा को अपनी स्वार्थ साधना में अड़चन समझकर उसका कैसा विरोध किया था यह देखने के लिए लेखक की पुस्तक 'गाँधीवाद की शव परीक्षा' का अन्तिम अध्याय 'सत्य-अहिंसा का अन्तिम प्रयोग' देखिये।

को आशा थी कि आन्दोलन आरम्भ किये बिना अपनी सहायता की उपयोगिता दिखाकर और युद्ध के आरम्भ में ब्रिटेन की निर्बल अवस्था से लाभ उठाकर वे अपनी शर्तें मनवा सकेंगे, तब तक कांग्रेस नेताओं ने उस समय की परिस्थितियों में गाँधी जी की अहिंसा को अक्रियात्मक बताकर, गाँधी जी को अध्यात्म-चिन्तन के लिए एक ओर छोड़ दिया परन्तु जब सरकार कांग्रेस वामपक्ष के नेतृत्व में चली जाती दिखायी देने लगी तो 'आन्दोलन का प्रदर्शन' आवश्यक ही हो गया। कांग्रेस को फिर से गाँधी जी के नेतृत्व की अनिवार्य आवश्यकता अनुभव हुई और असहयोग आन्दोलन आरम्भ करके आन्दोलन के एकच्छत्र नेता के रूप में कांग्रेस के आन्दोलन की बागडोर गाँधी जी के हाथ में सौंप दी गयी।

जनता के सामने तो आन्दोलन आरम्भ करने का कारण विदेशी शासन से मुक्ति की इच्छा थी। विदेशी शासन पर चोट करने से उस शासन की आर्थिक व्यवस्था लपेट में आये बिना नहीं रह सकती थी इसलिए गाँधी जी ने आन्दोलन की माँग रखी, 'अहिंसा की रक्षा के लिए सिद्धान्त रूप से युद्ध के विरोध में भाषण की स्वतन्त्रता।' मानो जनता के जीवन की अपनी कोई समस्या नहीं थी। खाली बैठी जनता अहिंसा के सिद्धान्त की चिन्ता कर सकती थी अथवा युद्ध की हिंसा का जनता के नित्य के जीवन से कोई सम्बन्ध ही नहीं था।

गाँधी जी एक बार फिर वाइसराय से मिलकर ब्रिटेन की कठिनाई के समय उसे परेशान न करने की अपनी इच्छा का आश्वासन दे आये। आन्दोलन जिस ढंग से और जिस रूप में आरम्भ किया गया, उसे किसी भी दृष्टिकोण से विदेशी शासन से स्वतन्त्रता की माँग का आन्दोलन नहीं कहा जा सकता था। ऐसे आन्दोलन को केवल जनता को स्वतन्त्रता-प्राप्ति के आन्दोलन से हटाकर अहिंसा की रक्षा के आन्दोलन की भूलभुलैया में फँसाना ही कहा जायेगा। कांग्रेस का घोषित उद्देश्य तो देश की स्वतन्त्रता ही था परन्तु गाँधी जी कांग्रेस को संसार के सामने अपने आध्यात्मिक आदर्श के प्रचार का साधन बनाकर संसार के आध्यात्मिक गुरु बनना चाहते थे।

गाँधी जी ने अनेक बार इस बात पर जोर दिया था कि कांग्रेस अपना उद्देश्य देश की स्वतन्त्रता के बजाय 'अहिंसा की रक्षा' स्वीकार कर लेती कि कांग्रेस और गाँधी जी के प्रचार और प्रभाव का क्षेत्र भारत की भौगोलिक सीमाएँ लाँघकर संसार भर के अध्यात्मवादियों और आदर्शवादियों तक पहुँच जाय परन्तु वैधानिक रूप से कांग्रेस नेताओं ने कभी ऐसा स्वीकार नहीं किया क्योंकि देश की पूँजीपति श्रेणी कांग्रेस को आदर्शवाद के प्रचार का साधन न बनाकर अपने लिये शासन का अधिकार प्राप्त करने का ही साधन बनाये रखना चाहती थी। ऐसी अवस्था में कांग्रेस से आन्दोलन का लक्ष्य स्वतन्त्रता-प्राप्ति से हटाकर अहिंसा का सिद्धान्त बना देना, कांग्रेस का जनता के प्रति लक्ष्य बदल देना या विश्वासघात नहीं तो क्या कहा जा सकता है।

आन्दोलन को व्यक्तिगत सत्याग्रह का नाम दिया गया। जिस आन्दोलन में बीस-पच्चीस हजार व्यक्ति भाग लें उसे व्यक्तिगत किस दृष्टि से कहा जा सकता है?

आन्दोलन को व्यक्तिगत बनाने का अभिप्राय आन्दोलन से सर्वसाधारण को दूर रखना ही था। इस समय आन्दोलन के रूप में व्यापक संघर्ष उठ खड़ा होने से युद्ध में फँसे ब्रिटिश शासन के लिए देश में व्यवस्था को सँभाले रखना कठिन हो जाता। कांग्रेस के आन्दोलनों के लिए साधन जुटानेवाली पूँजीपति श्रेणी आन्दोलन खड़ा करके, युद्ध के समय के अपने असीम मुनाफों में विघ्न नहीं डालना चाहती थी। व्यक्तिगत आन्दोलन की सबसे बड़ी विशेषता यह थी कि आन्दोलन को वास्तव में रोककर देश में आन्दोलन चलाने के मिथ्या विश्वास का वातावरण पैदा कर दिया गया।

आन्दोलन के एकच्छत्र नेता गाँधी जी ही आन्दोलन में भाग लेने की आज्ञा व्यक्तियों को दे सकते थे। आन्दोलन में भाग ले सकने के लिए गाँधी जी ने पहली शर्त रखी थी—'ईश्वर में विश्वास होना!' जिसका स्पष्ट अर्थ था कि परम्परागत नैतिकता अर्थात् भगवान् द्वारा बनायी हुई सामाजिक आर्थिक व्यवस्था के प्रति शंका करनेवाले लोग आन्दोलन के मोर्चे पर आकर उसे प्रभावित न कर सकें। आन्दोलन पर ईश्वर विश्वास की शर्त लगाना कांग्रेस के विधान के प्रजातान्त्रिक आधार को स्पष्ट रूप से पद-दलित करके उस पर गाँधीवादी तानाशाही का सिक्का जमा देना हुआ। कांग्रेस के विधान के अनुसार कांग्रेस में सभी सम्प्रदायों के लिए एक समान स्थान या अधिकार होना चाहिए। कांग्रेस की सदस्यता पर साम्प्रदायिकता की कोई शर्त लगाना कांग्रेस के आधारभूत विधान के विरुद्ध था परन्तु गाँधी जी ने परम्परागत धारणाओं में परिवर्तन चाहनेवाले और व्यवस्था में क्रान्ति चाहनेवाले लोगों को कांग्रेस के क्षेत्र से बाहर रखने के लिए और अपनी तानाशाही कांग्रेस के आन्दोलन पर जमाने के लिए यह सब किया।

गाँधी जी का यह उद्देश्य इस बात से स्पष्ट हो जाता है कि एक ओर तो उन्होंने कांग्रेस के व्यक्तिगत सत्याग्रह आन्दोलन में भाग लेने की मुख्य शर्त 'ईश्वर में विश्वास' निश्चित कर दी और उसमें भाग लेने की आज्ञा देना रखा अपने हाथ में। तिस पर कांग्रेस के अनुशासन पर यह नियम लागू कर दिया कि जो व्यक्ति इस आन्दोलन में भाग न ले वह कांग्रेस में किसी उत्तरदायी स्थान पर नहीं रह सकता। इसे कांग्रेस पर गाँधी जी का व्यक्तिगत नियन्त्रण न कहकर और क्या कहा जायेगा? कांग्रेस के उन सब नेताओं ने जिनमें पं. नेहरू, पटेल, राजगोपालाचारी और मौलाना आजाद भी सम्मिलित थे और जो कांग्रेस का लक्ष्य 'स्वराज्य' की अपेक्षा 'अहिंसा की रक्षा' बना देने का विरोध करते आये थे, इस अवसर पर गाँधी जी की इस तानाशाही का कोई विरोध नहीं किया क्योंकि युद्ध की इस परिस्थिति में आन्दोलन को क्रान्ति का रूप लेने से बचाये रखने का एकमात्र भरोसे लायक साधन उनकी दृष्टि में गाँधीवादी तानाशाही ही थी। यह गाँधीवादी तानाशाही ही जनता को क्रान्ति के मार्ग से रोक सकती थी।

आन्दोलन 'स्वराज्य' के लक्ष्य को छोड़कर 'अहिंसा की रक्षा' के लिए युद्ध-विरोधी भाषण की स्वतन्त्रता की माँग पर चला। गाँधी जी द्वारा आन्दोलन में भाग लेने की आज्ञा पानेवाले व्यक्ति भी युद्ध-विरोधी भाषण नहीं देते थे। वे केवल सरकारी अधिकारियों को पत्र लिखकर अपने विचार की सूचना मात्र दे देते थे और सरकार उन्हें

जेल पहुँचा देती थी। कुछ परम गाँधीवादी नेता पुलिस का ध्यान अपनी ओर आकर्षित न होने पर अपना बिस्तर लेकर स्वयं थाने पहुँच जाते थे। कांग्रेस के नेताओं और सरकार में रूठने का यह खेल चल रहा था। जनता इसका कोई प्रभाव अनुभव नहीं कर रही थी। जनता को समझा दिया गया था कि उनका काम एक ओर बैठकर सरकार और नेताओं की इस पकड़ का परिणाम देखना ही है। सितम्बर, 1940 में गाँधी जी ने बम्बई में जनता को विश्वास दिलाया कि यह आन्दोलन स्वराज्य के मार्ग पर एक बड़ा भारी कदम है।

इस आन्दोलन को ब्रिटिश सरकार ने जेलों में राजनैतिक बन्दियों की संख्या बढ़ जाने के अतिरिक्त और किसी रूप में अनुभव नहीं किया। जनता अवश्य एक ऐसे आन्दोलन के ऊहापोह में लटकी हुई थी जिनका प्रयोजन या रूप वह कुछ समझ नहीं सकती थी। गाँधी जी की विशेष आज्ञा थी कि आन्दोलन के कारण सरकार या सरकारी अफसरों को किसी भी प्रकार की अड़चन का सामना न करना पड़े। यहाँ तक कि रविवार के दिन सरकारी अफसरों के विश्राम और विनोद में व्याघात न आने देने के लिए सत्याग्रह का साधारण कार्यक्रम भी स्थगित रहता था। इस प्रकार के आन्दोलन से सबसे अधिक लाभ हुआ देश की पूँजीपति श्रेणी को उनके व्यवसायों में किसी प्रकार की विशृंखलता न आ सकी।

इन दिनों देश भर में एक ही व्यवसाय चल रहा था, सरकार को युद्ध का सामान मुहैया करके अन्धे मुनाफे बटोरना। युद्ध से देश में महँगाई बढ़कर मजदूर और निम्न-मध्यम श्रेणी की अवस्था शोचनीय होती जा रही थी परन्तु मजदूरी की बढ़ती की माँग करके जनता युद्ध के प्रयत्नों में अड़चन नहीं डाल सकती थी। मिलों और व्यवसायों में युद्ध-विरोधी हड़तालें करानेवाले वामपक्ष के राजनैतिक कार्यकर्त्ताओं अथवा कम्युनिस्टों को सरकार ने जेल में ठूँस दिया था और गाँधी जी ने सितम्बर, 1940 के अपने बम्बई के भाषण में सरकार द्वारा ऐसे लोगों के दमन का समर्थन भी कर दिया। गाँधी जी की यह नीति उनकी 1930 से चली आयी व्यवस्था में 'क्रान्ति' चाहनेवालों को हिंसापरक बताकर उन्हें अपनी नीति तथा सरकार के शासन के साझे शत्रु बताने की नीति के अनुकूल ही थी।

गाँधी जी की नीति के अनुसार इस देश की व्यवस्था में क्रान्ति चाहनेवाले लोग कांग्रेस और ब्रिटिश व्यवस्था दोनों के साझे शत्रु थे। जनता किसी भी समय उद्विग्न होकर कांग्रेस के निष्क्रियता के अनुशासन से भड़क न जाये इसलिए कांग्रेस की ओर से सदा ही व्यापक और सार्वजनिक आन्दोलन शीघ्र आरम्भ होने की घोषणा भी होती रहती थी। इसका सबसे उपहासपूर्ण उदाहरण उस समय के कांग्रेस के प्रधान मौलाना आजाद का 13 सितम्बर, 1940 का वक्तव्य है जिसमें उन्होंने जनता को 'व्यापक सार्वजनिक सत्याग्रह' के लिए तैयार हो जाने के लिए पुकारा था और जनवरी, 1941 में गाँधी जी ने सत्याग्रह के 'व्यक्तिगत सीमा' से बाहर न आने की चेतावनी दे दी थी।

युद्ध के पहले भाग में ब्रिटेन जर्मनी से बुरी तरह पिट रहा था। देश की सीमाओं पर किसी शत्रु के आक्रमण की आशंका नहीं थी। देश की जनता आर्थिक कठिनाइयों से ऊबकर क्रान्ति के लिए व्याकुल थी। उस समय कांग्रेस के उपर्युक्त निष्क्रिय आन्दोलन का लाभ देश की पूँजीपति श्रेणी ने कितना उठाया इसका अनुमान एक ही बात से लग सकता है। भारत सैकड़ों वर्षों से इंग्लैण्ड का कर्जदार चला आ रहा था। युद्ध के समय के व्यावसायिक हेर-फेर से भारत कर्जदार नहीं रहा बल्कि साहूकार हो गया। इसका अर्थ युद्ध के कारण देश के सर्वसाधारण की समृद्धि नहीं था बल्कि युद्ध के समय ब्रिटेन ने इस देश से इतना अधिक धन खींचा कि पिछला कर्जा समाप्त होकर भारत के नाम बहीखाते में लेनदारी चढ़ा दी गयी। इस लूट में काफी भाग पाकर भारतीय पूँजीपतियों ने भी खूब पूँजी बटोर ली।

भारत की इस समृद्धि का परिणाम सर्वसाधारण के जीवन पर तो यह हुआ कि उनकी आमदनी में कोई परिवर्तन नहीं आया और उन्हें जीवन के आवश्यक पदार्थों का मूल्य पहले से तिगुना और चौगुना देना पड़ रहा था। चीजों के महँगा हो जाने या रुपये का दाम घट जाने से अर्थात् मुद्रास्फीति (Inflation) से सर्वसाधारण जनता कष्ट भोगती है परन्तु पूँजीपति श्रेणी को अपना व्यापार बढ़ाकर अधिक पूँजी बटोरने की सुविधा हो जाती है। देश की पूँजीपति श्रेणी के मुनाफों का यह हाल था कि वे युद्ध को समाप्त ही नहीं होने देना चाहते थे। उनकी स्थिति लाखों की पूँजी से बढ़कर करोड़ों तक पहुँच गयी।

युद्ध की उपर्युक्त स्थिति में हिटलर ने 1941, जून में सोवियत रूस पर आक्रमण कर दिया और जापान एशिया में अपना एकच्छत्र साम्राज्य स्थापित करने के लिए टूट पड़ा। भारत के राजनैतिक मत ने स्थिति के इस परिवर्तन को भी समझा। पं. नेहरू ने 1941, दिसम्बर में घोषणा की–"इस समय संसार की प्रजातन्त्रवादी और प्रगतिशील शक्तियाँ ब्रिटेन, अमरीका, रूस और चीन के नेतृत्व में फासिस्ट अतिक्रमण का सामना कर रहीं है।" कांग्रेस के पूँजीवादी नेतृत्व ने इस नयी स्थिति में ब्रिटिश सरकार को अपना सहयोग बेचने का प्रयत्न दुबारा आरम्भ किया। इस प्रयत्न में विफलता का परिणाम हुआ–असहयोग आन्दोलन के रूप में 'अगस्त क्रान्ति।'

1942 और '43 में अगस्त क्रान्ति के नाम से जो घटनाएँ हुईं और जिनका श्रेय कांग्रेस नेताओं ने ब्रिटिश शासनव्यवस्था को पराजित करने के रूप में बाद में अपने सिर ले लिया, उनकी संगति को समझने के लिए युद्ध की बढ़ती हुई नयी स्थिति में कांग्रेस-कार्यकारिणी के जनवरी, 1942 के प्रस्ताव को याद कर लेना सहायक होगा। कांग्रेस के इस प्रस्ताव का आशय था–"यद्यपि ब्रिटेन की नीति में कोई परिवर्तन नहीं हुआ परन्तु इस कमेटी को युद्ध की बदली हुई परिस्थितियों और युद्ध के भारत की सीमा तक पहुँच जाने के तथ्य पर विचार करना ही होगा। कांग्रेस की सहानुभूति अनिवार्य रूप से उन्हीं लोगों के साथ है जिन पर अत्याचार और आक्रमण हो रहा है जो लोग

अपनी स्वतन्त्रता के लिए लड़ रहे हैं, परन्तु केवल स्वतन्त्र भारत ही राष्ट्रीय आधार पर इस देश की रक्षा कर सकता है...इस प्रस्ताव द्वारा हम ब्रिटिश सरकार को समझौते और सहयोग के लिए आमन्त्रण देते हैं। हमें आशा है कि ब्रिटिश सरकार हमारे सहयोग का मूल्य समझेगी।"

मार्च, 1942 में जापान बर्मा को भी जीत चुका था और भारत पर आक्रमण की आशंका उग्र रूप ले चुकी थी। कांग्रेस के नेता अपने प्रस्तावों में मित्र राष्ट्रों के उद्देश्य से सहानुभूति प्रकट करके उनकी विजय की कामना कर रहे थे और स्पष्ट शब्दों में कह चुके थे कि 'चीन और रूस की स्वतन्त्रता' उनकी दृष्टि में 'बहुमूल्य' है और उन्हें इस बात का ध्यान है कि जर्मनी से रूस की रक्षा और जापान से चीन की रक्षा के प्रयत्न में किसी भी प्रकार की अड़चन न आये। नयी परिस्थिति में कांग्रेस ने फिर प्रस्ताव किया कि ब्रिटेन भारत की राष्ट्रीय स्वतन्त्रता स्वीकार कर ले तो कांग्रेस ब्रिटेन को युद्ध में पूरा सहयोग देगी।

ब्रिटेन ने यह प्रस्ताव भी ठुकरा दिया। ब्रिटेन के इस व्यवहार पर कांग्रेस-कार्यकारिणी ने अपनी स्थिति अपने 14 जुलाई के प्रस्ताव में यों स्पष्ट की थी—"ब्रिटेन द्वारा हमारा प्रस्ताव ठुकरा दिये जाने के कारण देश में ब्रिटेन के विरुद्ध विद्वेष की धारणा फैलती जा रही है और लोग जापानी सेनाओं की विजय से प्रसन्न हो रहे हैं। कार्यकारिणी इस स्थिति से बहुत चिन्तित है।" देश पर जापानी आक्रमण की आशंका स्पष्ट दिखायी दे रही थी। ब्रिटेन से असहयोग करके भी कांग्रेस जापानी आक्रमण से देश की प्रजा की रक्षा के उपायों के लिए चिन्तित थी। पण्डित नेहरू के नेतृत्व में इस प्रयोजन से आत्मरक्षा दल संगठित हो रहे थे। चीन, आस्ट्रेलिया और अमरीका भी ब्रिटिश सरकार पर इस बात के लिए जोर डाल रहे थे कि फासिस्ट आक्रमण के विरुद्ध भारत का सहयोग पाने लायक स्थिति पैदा की जाय। कांग्रेस पूरा सशस्त्र सहयोग देने की शर्तों पर ब्रिटिश सरकार को अपना सौदा स्वीकार करने की दावत दे रही थी। यह बात गाँधी जी को मान्य नहीं हो सकती थी इसलिए गाँधी जी को फिर कांग्रेस के नेतृत्व से अलग कर दिया गया। परन्तु चर्चिल के नेतृत्व में ब्रिटिश साम्राज्यशाही के हठ के कारण समझौता नहीं हो सका। ब्रिटिश सरकार ने मुस्लिम जनता के कांग्रेस विरोध का बहाना करके कांग्रेस की माँग को ठुकरा दिया। कांग्रेस ने फिर असहयोग आन्दोलन की बात आरम्भ की और अगस्त 9 को फिर असहयोग आन्दोलन आरम्भ करने का प्रस्ताव पास कर लिया।

असहयोग के इस प्रस्ताव में भी कांग्रेस ने मित्र राष्ट्रों के उद्देश्य के प्रति अपनी पूरी सहानुभूति प्रकट करके उनकी विजय कामना की और इस बात का निश्चय दिलाया कि अपनी स्वतन्त्रता की प्राप्ति के लिए उनका कोई व्यवहार फासिज्म का विरोध करनेवाले राष्ट्रों—चीन और रूस की आत्मरक्षा के प्रयत्नों में कोई अड़चन न डालेगा और कांग्रेस भारत की रक्षा के लिए अहिंसात्मक सशस्त्र और सभी उपायों से

फासिस्ट शक्तियों का सामना करेगी। अपने उद्देश्यों और नीति की इस घोषणा के साथ कांग्रेस ने एक व्यापक सार्वजनिक युद्ध-विरोधी असहयोग आन्दोलन के आरम्भ करने की भी घोषणा की थी। इन दोनों परस्पर-विरोधी घोषणाओं में क्या सामंजस्य हो सकता था?

युद्ध की उस स्थिति में जबकि भारत की सीमा पर संकट की कोई आशंका नहीं थी और यूरोप में जर्मनी के घावों का लक्ष्य प्रधानतः इंग्लैण्ड बना हुआ था उस समय तो आन्दोलन का रूप निश्चित किया गया था 'सीमित व्यक्तिगत सत्याग्रह' परन्तु 1942 में जबकि जापान की सेनाएँ भारत की सीमा पर पहुँच चुकी थीं और कांग्रेस का उद्देश्य यूरोप में फासिज्म की पराजय के लिए मित्र राष्ट्रों की सहायता देना था, घोषणा की गयी व्यापक सार्वजनिक युद्ध-विरोधी आन्दोलन की। भारत में ब्रिटिश सरकार के शासन में जो युद्ध के प्रयत्न चल रहे थे उनका उद्देश्य अन्तरराष्ट्रीय क्षेत्र में फासिस्ट अतिक्रमण के विरुद्ध मित्रराष्ट्रों की सहायता करना था।

कांग्रेस ने इनमें अपनी सहानुभूति प्रकट की थी और भारत की सीमा पर जापानी आक्रमण से भारत की रक्षा करना भी उद्देश्य बताया था। यह कैसे सम्भव था कि युद्ध विरोध के लिए सार्वजनिक और व्यापक अहसयोग से मित्र राष्ट्रों को भारत से मिलनेवाली सहायता में और भारत की सीमाओं पर जापानी सेनाओं को रोक सकने के ब्रिटेन के सामर्थ्य में कोई असर न पड़ता?

कांग्रेस यदि कल्पना करती थी तो उसका अभिप्राय आन्दोलन को ऐसा रूप देने का नहीं था जिससे ब्रिटिश सरकार को किसी रूप में परेशानी होती। इस अवसर पर सरदार पटेल ने देश को यह विश्वास दिलाया था कि इस आन्दोलन द्वारा देश सात दिन में ब्रिटिश शासन से मुक्त हो जायेगा। इसका अर्थ केवल यही हो सकता था कि सरदार साहब, जापानी सेनाओं के मार्ग में ब्रिटिश सरकार द्वारा पेश की जानेवाली रूकावटों को दूर कर देना ही देश की स्वतन्त्रता का मार्ग समझते थे। कांग्रेस के नेताओं के मन में क्या बात थी, यह तो जनता शायद कभी न जान सकेगी परन्तु जिस उद्देश्य की उन्होंने घोषणा की थी भारतीय कम्युनिस्ट पार्टी भी उसी उद्देश्य की घोषणा कर रही थी। इस परिस्थिति में 26 जुलाई, 1942 को भारतीय कम्युनिस्ट पार्टी ने कांग्रेस की आत्म-विरोधी घोषणाओं के प्रति चेतावनी देने के लिए यह सार्वजनिक घोषणा की "...ऐसी अवस्था में आप आन्दोलन आरम्भ करेंगे तो परिणाम क्या होगा? सरकार सभी नेताओं को और कांग्रेस के हजारों कार्यकर्त्ताओं को उठाकर जेलों में बन्द कर देगी और संसार को समझा देगी कि फासिस्ट आक्रमण से देश की रक्षा करने के लिए ऐसा करना अनिवार्य था।"

कम्युनिस्ट पार्टी ने ऐसी अन्तरराष्ट्रीय परिस्थिति में युद्ध-विरोधी आन्दोलन आरम्भ करना देश-हित और कांग्रेस के उद्देश्य के विरुद्ध और अनुचित बताया। कम्युनिस्ट पार्टी ने जापानी आक्रमण से देश रक्षा का एक साझा कार्यक्रम सुझाया जिस पर

हिन्दू-मुस्लिम जनता साझे रूप में एकता से संगठित हो सकती थी और जिसका विरोध ब्रिटेन भी नहीं कर सकता था। यह प्रस्ताव स्वीकार न किया गया। कांग्रेस और मुस्लिम लीग की प्रतिद्वन्द्विता अंग्रेजों से शासन का अधिकार माँगने की थी, जिसका परिणाम हुआ लीग-कांग्रेस विरोध या हिन्दू-मुस्लिम विरोध को बढ़ाना। ब्रिटेन भी देश की साझी माँग के सामने झुकने के लिए मजबूर न हुआ।

कम्युनिस्ट पार्टी की नीति थी कि भारत जापानी आक्रमण से अपनी रक्षा के लिए आगे बढ़कर युद्ध में सहयोग देने के कार्यक्रम से सशस्त्र होकर अपनी राष्ट्रीय स्वतन्त्रता को वास्तविकता का रूप दे। ब्रिटेन के कांग्रेस-लीग में विरोध के बहाने का उत्तर देने के लिए कम्युनिस्ट पार्टी की यह तजवीज थी कि देश की जातियों के आत्मनिर्णय के अधिकार को स्वीकार करके ब्रिटेन से साझी माँगों पर कांग्रेस और लीग की एकता स्थापित की जाये। जापान से आत्मरक्षा के लिए और विदेशी शासन से मुक्ति के लिए देश के भिन्न-भिन्न सम्प्रदायों और राजनैतिक दलों में एक समझौता स्वीकार किया जाये।

कम्युनिस्ट पार्टी की इस नीति के कारण कांग्रेस नेताओं ने कम्युनिस्टों को ब्रिटिश सरकार और लीग का पिट्ठू कहकर उन्हें जनता की दृष्टि में गिराने की चेष्टा की और यह बिलकुल भूल गये कि युद्ध के पहले भाग में जबकि कांग्रेस केवल भाषण स्वतन्त्रता की माँग करके व्यक्तिगत सत्याग्रह के बहाने आन्दोलन को टाल रही थी, तब देश का एक-एक कम्युनिस्ट युद्ध-विरोधी सामूहिक आन्दोलन में भाग लेने के अपराध में जेलों में बन्द कर दिया जा चुका था। युद्ध के दूसरे भाग में भी कम्युनिस्ट उसी उद्देश्य का समर्थन कर रहे थे जिसकी घोषणा स्वयं कांग्रेस कर रही थी। अन्तर यह था कि कम्युनिस्ट आग्रह कर रहे थे कि स्वराज्य मुस्लिम लीग की प्रतिद्वन्द्विता में अंग्रेजों का पक्षपात माँगने से नहीं मिलेगा और कांग्रेस को प्रजातन्त्रवाद और मित्र राष्ट्रों से सहानुभूति प्रकट करने और भारत की रक्षा के लिए प्रतिज्ञा करने पर अपने उद्देश्य और प्रतिज्ञा की घोषणा के विरुद्ध नीति पर नहीं चलना चाहिए।

अगस्त क्रान्ति

8 अगस्त, 1942 को कांग्रेस-कार्यकारिणी ने सार्वजनिक और व्यापक युद्ध-विरोधी असहयोग आन्दोलन की घोषणा कर दी। इस आन्दोलन के लिए किसी भी प्रकार की रचनात्मक तैयारी पहले से नहीं की गयी थी। भारतीय कम्युनिस्ट पार्टी ने जो चेतावनी दी थी वह ठीक साबित हुई। ब्रिटिश सरकार ने कांग्रेस के सभी नेताओं को एक हो-हल्ले में समेटकर जेलों में बन्द कर दिया। मुस्लिम लीग के नेताओं ने मुस्लिम जनता को कांग्रेसी राज स्थापित करने के आन्दोलन से दूर रहने के लिए ही नहीं बल्कि उनका विरोध करने के लिए पुकारा। मुख्यतः हिन्दू जनता ने सरकार के इस दमन के विरुद्ध प्रदर्शन और आन्दोलन आरम्भ किया जो न तो संगठित थी और न अहिंसा के तकल्लुफ को निभा रही थी। स्थान-स्थान पर तोड़-फोड़ से राष्ट्रीय (सरकारी) सम्पत्ति का नाश किया जाने लगा। कुछ दिन के लिए देश में यातायात के साधनों तथा शासन की अच्छी खासी अव्यवस्था हो गयी। इसी आन्दोलन को अगस्त, '42 की क्रान्ति के नाम से याद किया जाता है।

उस समय यदि एशिया के भिन्न-भिन्न भागों में अपनी राष्ट्रीय स्वतन्त्रता के लिए लड़नेवाली प्रजातन्त्रवादी सेनाओं ने जापानी साम्राज्य-विस्तार की कमर न तोड़ दी होती तो जापान को आसाम-बंगाल के रास्ते भारत में घुस आने में अधिक कठिनाई न होती। ब्रिटिश सरकार ने जनता के असंगठित और नेतृत्वहीन आन्दोलन को बर्बरता और निरंकुश अत्याचार से दबा दिया। कांग्रेस की मतानुयायी जनता और ब्रिटिश सरकार के संघर्ष में सरकार ने कांग्रेस-विरोध की भावना से प्रेरित मुस्लिम-लीग पर विश्वास रखनेवाली मुस्लिम जनता का भी खूब उपयोग किया।

जेलों में बैठे कांग्रेस नेताओं ने इस 'अगस्त क्रान्ति' का कोई उत्तरदायित्व अपने कन्धों पर लेने से उसी समय इन्कार कर दिया था। गाँधी जी ने 14 अगस्त, 1942 को जेल से वाइसराय को पत्र लिखकर अपने और कांग्रेस नेताओं के गिरफ्तार कर लिये जाने की शिकायत यों की थी–"सरकार को कम-से-कम यह तो देखना चाहिए था कि मैं सार्वजनिक असहयोग का कार्यक्रम किस रूप में आरम्भ करता हूँ। मैंने सार्वजनिक रूप से यह घोषणा कर दी थी कि कोई भी क्रियात्मक कदम उठाने से पहले आपको एक पत्र लिखूँगा।" इस पत्र से यह स्पष्ट है कि अगस्त-क्रान्ति आरम्भ करने का श्रेय या उत्तरदायित्व गाँधी जी अथवा कांग्रेस को नहीं था। सितम्बर 23, 1942 को गाँधी जी ने वाइसराय को फिर पत्र लिखकर इस बात पर जोर दिया–"सरकार ने

कांग्रेस नेताओं को एकदम पकड़कर जनता को उत्तेजित कर दिया और सर्वसाधारण आपे से बाहर हो गये। मेरा विश्वास है कि विध्वंस का उत्तरदायित्व कांग्रेस पर नहीं परन्तु सरकार पर है।''

गाँधी जी जब तक जेल में रहे अगस्त-क्रान्ति की जिम्मेदारी लगातार सरकार के द्वारा जनता के उत्तेजित कर दिये जाने पर डालते रहे। यही बात गाँधी जी ने कांग्रेस को निर्दोष प्रमाणित करने के लिए 15 जुलाई, 1942 को इंग्लैण्ड के इण्डिया ऑफिस की शिकायत के रूप में लिखी और उन्होंने अपनी बात के प्रमाणस्वरूप में आन्ध्र-कांग्रेस कमेटी की गश्ती चिट्ठी का भी जिक्र किया जिसमें नेता (गाँधी जी) की अनुपस्थिति में किसी भी प्रकार का आन्दोलन न चलाने की आज्ञा कांग्रेस जनों को दी गयी थी।

कम्युनिस्ट पार्टी इस समय में युद्ध-विरोधी आन्दोलन में सहयोग न देकर सरकार द्वारा पैदा हो गयी उत्तेजना से बचे रहने का प्रचार जनता में कर रही थी। कांग्रेस ने पार्टी के इस काम को देशद्रोह और कांग्रेसद्रोह का आन्दोलन बता दिया। जेल से छूटने पर कांग्रेस के दूसरे नेताओं पण्डित नेहरू, सरदार पटेल और पण्डित गोविन्दवल्लभ पन्त ने भी 21 सितम्बर, 1945 को अगस्त-क्रान्ति के सम्बन्ध में यह सार्वजनिक घोषणा की ''अखिल भारतीय कांग्रेस-कार्यकारिणी की ओर से आन्दोलन चलाने का कोई अधिकारपूर्ण आदेश नहीं दिया गया था।'' परन्तु 1945 में आन्दोलन के समाप्त हो जाने पर जब दुबारा नये चुनाव का अवसर आया, पण्डित जवाहरलाल-जैसे नेताओं ने भी दिल्ली में लाल किले के मैदान से छाती ठोंककर 'अगस्त क्रान्ति' का श्रेय अपनाना शुरू कर दिया और 'अगस्त क्रान्ति' या युद्ध-विरोधी आन्दोलन में भाग न लेनेवालों और उसका विरोध करनेवाले लोगों (कम्युनिस्टों) को अनुशासन के आधार पर देशद्रोही कहकर कांग्रेस से निकाल दिया।

कांग्रेस नेताशाही की भावना में विदेशी शासन से भारत की मुक्ति का क्या रूप था, यह बात एक बार फिर स्पष्ट होने का अवसर आया। जनता में असन्तोष और ब्रिटिश शासन से घृणा के परिणामस्वरूप 1946, फरवरी में भारतीय नाविक सेनाओं में एक विद्रोह फूट उठा। बम्बई, कराँची और मद्रास में यह विद्रोह एक साथ हुए और दूसरी सेनाओं ने भी इस विद्रोह की सहानुभूति में प्रदर्शन किये। बम्बई तथा दूसरे बन्दरगाहों में जनता ने ब्रिटिश शासनव्यवस्था के विरुद्ध विद्रोह करनेवाले इन सिपाहियों का पूरा साथ दिया। भारतीय नाविकों के इस विद्रोह का उनकी निजी मामूली शिकायतों के कारण ही मान लेना उनके साथ अन्याय है। उन्होंने अपने विद्रोह की घोषणा जिस रूप में की उसमें विदेशी राज-विरोधी राष्ट्रीय भावना ही प्रमुख थी। उन लोगों के नारे थे 'जयहिन्द' 'इन्कलाब जिन्दाबाद', 'हिन्दू-मुस्लिम एक हो' 'ब्रिटिश साम्राज्यवाद का नाश हो', 'आजाद हिन्द सैनिकों और राजनैतिक बन्दियों को आजाद करो' और 'इण्डोनेशिया से भारतीय सेना वापस बुलाओ?' यह नारे इन सिपाहियों की राष्ट्रीय चेतना और राष्ट्रीय स्वतन्त्रता की भावना के प्रमाण थे। ब्रिटिश साम्राज्यशाही के विरुद्ध इस विद्रोह में इन सैनिकों ने कांग्रेस, मुस्लिम लीग और हँसिया-हथौड़े के लाल झण्डे

को ब्रिटिश साम्राज्यशाही के विरुद्ध राष्ट्रीय भावना के प्रतीक मानकर एक साथ खड़ा किया था।

ऐसी परिस्थिति में जबकि देश की पूँजीवादी श्रेणी के राजनैतिक नेता ब्रिटिश साम्राज्यशाही के मुकाबले में कोई संयुक्त मोर्चा बना सकने में असमर्थ थे, इन सिपाहियों की राष्ट्रीय एकता की भावना को महत्त्व देना एक विशेष राजनीतिक सूझ का काम था। विस्मय की बात यह है कि 1942 और 1943 में ब्रिटिश साम्राज्यशाही के विरुद्ध इस विद्रोह में साथ देना उचित नहीं समझा। कारण स्पष्ट है। साम्राज्यशाही से इस प्रकार ब्रिटिश शासन का अधिकर छीना जाने पर यह अधिकार सर्वसाधारण जनता के हाथ में पहुँच जाता। कांग्रेस का यह लक्ष्य कभी नहीं रहा था। कांग्रेस का लक्ष्य था, पूँजीवादी आर्थिक व्यवस्था को विचलित किये बिना, केवल समझौते द्वारा ब्रिटिश साम्राज्यशाही की अधीनता में अपनी सत्ता कायम करना।

कांग्रेस के पूँजीवादी नेतृत्व ने अपने श्रेणीगत स्वार्थ पर देश की मुक्ति के अवसर को बलिदान करके इस अवसर पर भी देश के नाविक सैनिकों और जनता की भावना के विरुद्ध ब्रिटिश साम्राज्यशाही का ही साथ दिया। जिस समय बम्बई में कम्युनिस्ट पार्टी ने नाविकों के विद्रोह की सहानुभूति में हड़ताल के लिए जनता को पुकारा कांग्रेस ने इस हड़ताल का विरोध किया। कांग्रेस की ओर से बम्बई की जनता को विद्रोहियों से सहानुभूति प्रकट न करने का उपदेश देने सरदार पटेल बम्बई पहुँचे। जिस समय नाविक विद्रोही ब्रिटिश जंगी जहाजों की गोलाबारी का मुकाबला कर रहे थे और अम्बाला, देहरादून आदि में भी सेनाओं में विद्रोह फूट रहा था, पटेल बम्बई के नाविकों को हथियार डाल देने का उपदेश दे रहे थे। सरदार पटेल के उपदेशों के बावजूद बम्बई की जनता ने कम्युनिस्ट पार्टी के नेतृत्व में पूरी हड़ताल की और विद्रोही नाविकों को सहायता भी दी।

सरदार पटेल ने नाविकों को यह आश्वासन और वादा दिया कि कांग्रेस इस बात का पूरा यत्न करेगी कि आत्मसमर्पण करने पर विद्रोहियों को किसी प्रकार की सजा न दी जाय। मुस्लिम लीग ने भी इसी प्रकार का वादा किया। कांग्रेस और लीग जो भारत की हिन्दू और मुस्लिम पूँजीपति श्रेणियों की प्रतिद्वन्द्विता की प्रतिनिधि थी, देश की सर्वसाधारण जनता के संयुक्त मोर्चे और संयुक्त प्रयत्न द्वारा देश का शासन ब्रिटिश साम्राज्यशाही से छीन लेने की विरोधी थी। वे दोनों ही ब्रिटिश शासन की व्यवस्था की बोतल को क्रान्ति द्वारा टूट जाने की आशंकापूर्ण स्थिति में नहीं डालना चाहती थी। वे दोनों इस बोतल का डाट ब्रिटिश शासन के सहयोग से खोजकर शासन का अधिकार अपने-अपने हाथ में ले लेना चाहती थीं। देश की प्रमुख राजनैतिक शक्तियों को अपना विरोध करते देख नाविकों ने हथियार डाल दिये। हथियार डालते समय भी उन्होंने यही घोषणा की कि वे ब्रिटेन के सामने नहीं परन्तु हिन्दुस्तानियों के सामने आत्मसमर्पण कर रहे हैं। हिन्दुस्तानियों का अर्थ था—ब्रिटेन के रक्षक कांग्रेस और लीग!

नाविकों और सैनिकों के इस विद्रोह और इस विद्रोह के प्रति सर्वसाधारण जनता के पूर्ण सहयोग से मुस्लिम लीग का आशंकित हो जाना और इसके विरुद्ध ब्रिटिश शासन का साथ देना तो समझ में आता है क्योंकि मुस्लिम लीग का अस्तित्व मुख्यतः साम्प्रदायिक विरोध की भावना पर निर्भर था परन्तु कांग्रेस के नेताओं में, जिसके कार्यक्रम का एक मुख्य लक्ष्य हिन्दू-मुस्लिम एकता था गाँधी जी से लेकर मौलाना आजाद तक सभी नेताओं ने इस विद्रोह के समय हिन्दू-मुस्लिम एकता के इस प्रदर्शन के प्रति आशंका प्रकट की। गाँधी जी ने तो इस एकता को 'अपवित्र एकता' का नाम देकर इसकी निन्दा की। इस सम्बन्ध में गाँधी जी का वक्तव्य था–"यदि एकता चोटी से एड़ी तक हो जाती तो मैं इसका कुछ अर्थ समझ सकता था। इसका अर्थ होता भारत को विध्वंस के हाथों में सौंप देना। यह सब देखने के लिए मैं सवा सौ वर्ष की आयु तक जीवित नहीं रहना चाहता।"

युद्ध के समय कांग्रेस की माँगों को ठुकरा देने के लिए ब्रिटेन हिन्दुओं और मुस्लिमों के परस्पर विरोध का बहाना बता रहा था। सर्वसाधारण हिन्दू-मुसलमानों में कितना पारस्परिक भेद और प्रतिद्वन्द्विता थी, यह नाविक विद्रोह की घटनाओं ने साफ कर दिया। वास्तव में विरोध दोनों सम्प्रदायों की नेता पूँजीपति श्रेणी का ही उत्पन्न किया हुआ था। कांग्रेस और लीग के नेता हिन्दू-मुस्लिम एकता के लिए कितने उत्सुक थे, यह भी इससे स्पष्ट है कि हिन्दू-मुसलमानों का पारस्परिक भेद भुलाकर विदेशी शत्रु के सामने संयुक्त मोर्चे पर एक साथ खड़े होते देख दोनों ही आशंकित हो उठे और दोनों में से किसी ने भी इस एकता का स्वागत नहीं किया। इस एकता का स्वागत किया केवल भारतीय कम्युनिस्ट पार्टी ने, जिसका झण्डा इस समय जनता द्वारा उठाये गये लीग और कांग्रेस के झण्डों के साथ नाविकों का उत्साह बढ़ा रहा था।

अगस्त क्रान्ति के विफल प्रयत्नों के बाद 1945-46 में जनता और भी अधिक असन्तुष्ट अवस्था में थी। युद्ध के बाद ब्रिटिश साम्राज्यशाही भी यह अनुभव कर चुकी थी कि केवल शस्त्र-शक्ति और दमन के पुराने तरीके से भारत में अपना शासन बनाये रखना उनके लिए सम्भव नहीं। युद्ध के समय भारतीय सैनिकों, आजाद हिन्द सेना और फिर 1946 के नाविक विद्रोह के रूप में ब्रिटिश साम्राज्यशाही के विरुद्ध लड़ने के लिए तैयार हो जाने के उदाहरण ने यह स्पष्ट कर दिया था कि भारत को ब्रिटिश साम्राज्यशाही के बन्धन में रखने का मुख्य साधन भारतीय सेनाएँ भी अवसर आते ही ब्रिटिश शासन पर चोट करने के लिए तैयार हो सकती हैं। ब्रिटिश शासन की मुख्य सहायक अन्धी राजभक्ति, राष्ट्रीय चेतना के कारण भारतीय सेना में भी समाप्त हो चुकी थी परन्तु कांग्रेस और लीग ने भारतीय सैनिकों की ब्रिटिश शासन से विरोध की भावना का कभी स्वागत नहीं किया। कांग्रेस के हाथ में शासन की बागडोर आ जाने पर आजाद हिन्द सेना के साथ जैसा दुर्व्यवहार हुआ और ब्रिटिश शासन के फर्माबरदार गुलाम बने रहनेवाले सैनिकों का जैसा आदर हुआ उससे यह स्पष्ट हो गया कि कांग्रेस और लीगी नेता ब्रिटिश शासनव्यवस्था के मूल आधार में ही अपना कल्याण समझते थे।

1946 में देश आर्थिक संकट के कारण किस तरह उबल रहा था और ब्रिटिश शासन के लिए देश में व्यवस्था बनाये रखना कितना कठिन हो रहा था, यह बात उस समय देश में चलनेवाले मजदूर किसान आन्दोलन से स्पष्ट हो गयी। 1945 में 7 लाख 47 हजार मजदूरों ने हड़तालों में भाग लिया था और 1946 में 19 लाख 61 हजार मजदूरों ने। शोषण की व्यवस्था और अपने संकट के विरोध में मजदूरों की यह चेतना बहुत तेजी से बढ़ती जा रही थी। 1947 के लगभग आधे वर्ष में ही 13 लाख 23 हजार मजदूर हड़तालों में भाग ले चुके थे।

देश के देहातों में किसानों का आन्दोलन भी शोषण से मुक्ति के लिए स्थानीय समस्याओं के आधार पर (बंगाल में तिभागा, यू. पी. में जमींदारी के खिलाफ और मद्रास में जोरदारी के खिलाफ) इस परिमाण में उठ रहा था कि कांग्रेस सरकार के लिए उस पर नियन्त्रण रख सकना सम्भव नहीं रहा था। उस समय इन संघर्षों के सम्बन्ध में कांग्रेस के प्रधान मौ. आजाद ने यह वक्तव्य देकर चिन्ता प्रकट की थी–"इस समय हड़तालों और शासन की अवज्ञा का कोई मौका नहीं है। इस अस्थायी विदेशी शासन से लोहा लेने का कोई कारण दिखायी नहीं देता। यह तो कुछ ही समय के लिए है।"

देश की इस असन्तुष्ट परिस्थिति से ब्रिटिश साम्राज्यशाही कैसे परिचित थी, इसे पी. जे. ग्रिफ्थ्स ने अपने 24 जून, 1946 के लन्दन में दिये गये भाषण से स्पष्ट कर दिया था–"हममें से प्रायः सभी लोग जानते थे कि भारत में कैबिनेट मिशन के आने से पूर्व भारत की जनता क्रान्ति के कगार पर खड़ी हुई थी। भारत में कैबिनेट मिशन के आने से यदि इस क्रान्ति की सम्भावना दूर नहीं हो गयी तो कुछ समय के लिए टल तो अवश्य गयी...।"

मार्च 5, 1947 को स्टैफोर्ड क्रिप्स ने भी भारत के सम्बन्ध में ब्रिटेन की नयी नीति की सफाई देते हुए कह दिया था कि–"ब्रिटेन के सामने दो ही रास्ते हैं। यदि हम भारत पर अपना शासन कायम रखना चाहते हैं तो हमें भारत में अपने शासन को सुदृढ़ बनाने के लिए अपनी नौकरशाही की संख्या को बहुत अधिक बढ़ाना पड़ेगा और भारत पर शस्त्र-बल से प्रभुत्व रखने के लिए एक बहुत बड़ी ब्रिटिश सेना भी वहाँ भेजनी पड़ेगी। दूसरा रास्ता यह है कि हम यह स्वीकार कर लें कि हम यह सब कर सकने की अवस्था में नहीं हैं।"

ब्रिटेन ने यह अनुभव कर लिया कि युद्ध के बाद की परिस्थितियों में शस्त्र-शक्ति से भारत पर अधिकार जमाये रखना उनके लिए सम्भव नहीं है। ब्रिटेन के सामने समस्या थी कि अपनी साम्राज्यशाही शक्ति के मूल केन्द्र भारत के ऊपर अपने नियन्त्रण को किसी दूसरे साधन से बनाये रखे। भारतीय जनता के विरोध से बचने का केवल एक ही साधन सम्भव था–देश के राजनैतिक मत के नेताओं का सहयोग पाने की चेष्टा करना। इस उद्देश्य से कैबिनेट मिशन भारत में आया। ब्रिटेन भारत

को यथा-सम्भव पराधीन और असहाय परिस्थिति में रखकर ही अपने हाथ में भारतीय जनता के शोषण का अवसर रख सकता था। इस उद्देश्य से कैबिनेट मिशन ने अपनी पुरानी साम्राज्यवादी चाल 'फूट डालकर राज करो' को फिर अपना मुख्य शस्त्र बनाया। मुस्लिम लीग और कांग्रेस के प्रतिद्वन्द्वी नेताओं को एक-दूसरे के विरोध में अपना सहायक और निर्भर बनाने की चाल चली गयी।

मौजूदा विधान के अनुसार हिन्दुस्तान और पाकिस्तान के रूप में दो स्वतन्त्र देशों का बन जाना, कांग्रेस और लीग की विजय थी या साम्राज्यशाही की कूटनीति की विजय? इस बात को स्पष्ट करने के लिए ब्रिटेन के प्रधानमन्त्री एटली के वक्तव्य की याद दिला देना सहायक होगा। अपनी नीति की सफाई देने के लिए सितम्बर, 1950 में ब्राइटन में भाषण देते हुए उन्होंने कहा था—'कम्युनिज्म अपना प्रभाव अनेक गुप्त तरीकों से संसार भर में फैला रहा है। एशिया और अफ्रीका में कम्युनिज्म के इस प्रभाव को रोकने के लिए हम भारत, पाकिस्तान और लंका को स्वतन्त्रता देकर उन्हें कम्युनिज्म के विरुद्ध अपने कामनवेल्थ में साझीदार और सहायक बना लिया है।'' यह वक्तव्य स्पष्ट कर देता है कि भारत का यह रामराज्य और पाकिस्तान की इस्लामी सल्तनत लीग और कांग्रेस की विजय नहीं बल्कि ब्रिटिश कूटनीति से हिन्द और पाकिस्तान की पूँजीवाद और साम्राज्यवाद की समर्थक श्रेणियों का ब्रिटिश साम्राज्यवाद से समझौता था। इस समझौते से हिन्द और पाकिस्तान की पूँजीपति श्रेणी के स्वार्थ पूरे हो रहे हैं और पूँजीवाद से शोषित जनता के हित इसके लिए बलिदान कर दिये गये हैं।

उपर्युक्त ढंग की स्वतन्त्रता इस देश को देने के लिए ब्रिटेन ने कांग्रेस और लीग से सौदा पटाने की बातचीत आरम्भ की। ब्रिटेन द्वारा गढ़ी गयी और हिन्द तथा पाकिस्तानी पूँजीपति श्रेणी द्वारा स्वीकार की गयी इस स्वतन्त्रता का प्रयोजन इस देश में पूँजीवाद और साम्राज्यवाद के पाँव मजबूत कर अपने स्वार्थ की रक्षा करना ही था। ब्रिटेन से पक्षपात पाने के लिए कांग्रेस और लीग में होड़ होने लगी। ब्रिटेन ने इस देश की जनता को पढ़ाया कि देश के हिन्दू और मुसलमानों की साझी शत्रु विदेशी साम्राज्यशाही नहीं बल्कि हिन्दू, मुसलमान ही एक-दूसरे के शत्रु हैं। लीग मुद्दत से इसी नीति पर अपना अस्तित्व कायम किये थी। 1947 में मेरठ कांग्रेस के मौके पर सरदार पटेल ने भी मुसलिम लीग को तलवार की धमकी देकर ब्रिटेन की इस कूटनीति में सहयोग दे दिया। कांग्रेस और लीग की होड़ अर्थात् हिन्दू-मुस्लिम का वैमनस्य बढ़ा। उसके परिणाम में 1947 के अभूतपूर्व हिन्दू-मुस्लिम दंगे हुए।

भारत के राजनैतिक इतिहास में यह बात ध्यान देने योग्य है कि विदेशी शासन के विरुद्ध सर्वसाधारण जनता के संघर्ष का अवसर जब भी आया, हिन्दू-मुस्लिम वैमनस्य और भेद मिट गया और जब भी ब्रिटिश शासन से वैधानिक समझौते द्वारा देश की पूँजीपति श्रेणी के हाथ में शासन का अधिकार सौंपे जाने का सौदा चला,

हिन्दू-मुस्लिम भेद विराट् रूप से प्रकट होता रहा और वैधानिक रूप से सत्य-अहिंसा की विजय द्वारा पाये गये वैधानिक रामराजी स्वराज्य ने देश को हिन्दू-मुस्लिम राज्यों के रूप में पृथक्-पृथक् बाँट दिया।

मुस्लिम लीग का तो आधार ही मुस्लिम पूँजीपति वर्ग का कांग्रेस पर अधिकार जमाये हिन्दू पूँजीपति वर्ग से प्रतिद्वन्द्विता था। इसलिए कांग्रेस के विरोध में अपनी स्वतन्त्र सत्ता बनाये रखने के लिए मुस्लिम-लीगी नेता ब्रिटेन को सहयोग देने की नीति पर चलते आये थे परन्तु कांग्रेस नेताओं ने किस सिद्धान्त के आधार पर, ब्रिटेन द्वारा अपना अधिकार स्वीकार किये जाने के लिए देश के बँटवारे को स्वीकार कर लिया? देश का बँटवारा कांग्रेस की अनुमति से ही हुआ है, इस बात से कांग्रेस इनकार नहीं कर सकती। कांग्रेस पूरे देश की आजादी को अपना ध्येय मानती थी। साम्प्रदायिक दृष्टिकोण से देश के भिन्न भागों और प्रजा में भेद करना कांग्रेस के मौलिक सिद्धान्त के विरुद्ध था लेकिन ब्रिटेन भारतीय पूँजीपतियों को पूरे देश के साधन सँभाल-समेटकर अपना सबल प्रतिद्वन्द्वी बनने का मौका नहीं देना चाहता था।

ब्रिटेन ने हिन्दुस्तान को एक सबल शक्ति न रहने देकर हिन्दुस्तान और पाकिस्तान के रूप में दो कमजोर देश बना दिये। कांग्रेस के पूँजीवादी नेताओं के सम्मुख समस्या थी—या तो ब्रिटेन की इस शर्त को मानें या सर्वसाधारण को विदेशी व्यवस्था के विरुद्ध अपनी लड़ाई लड़ लेने दें। जनता को अपनी लड़ाई लड़ने देने का अनिवार्य अर्थ होता कि देश की पूँजीपति व्यवस्था स्वयं भी सर्वसाधारण की शोषण विरोधी भावना का शिकार हो जाती इसलिए कांग्रेस के नेताओं ने कांग्रेस के घोषित लक्ष्य को कुर्बान करते हुए ब्रिटेन की संरक्षता में शासन का अवसर और अधिकार पाने के लिए हाथ फैला दिये।

रामराज्य का रूप

1947, अगस्त 15 को ब्रिटिश साम्राज्यशाही ने भारत को भारत और पाकिस्तान में बाँटकर इस भूखण्ड का शासन भारत और पाकिस्तान की पूँजीपति श्रेणियों के प्रतिनिधि संगठनों—कांग्रेस और मुस्लिम लीग के हाथ सौंप दिया। ब्रिटिश सरकार ने क्यों और कैसी परिस्थितियों से मजबूर होकर भारत का शासन कांग्रेस और मुस्लिम लीग के प्रतिनिधियों के हाथ में सौंपा, यह इस पुस्तक के आरम्भ में मि. एटली के भाषण के उद्धरण से स्पष्ट किया जा चुका है। कांग्रेस ने इस घटना को अपनी विजय और अहिंसात्मक क्रान्ति का नाम देकर इसका सेहरा गाँधीवाद की अहिंसा की नीति के सिर बाँध दिया। पण्डित जवाहरलाल नेहरू इस अहिंसात्मक क्रान्ति का ढिंढोरा संसार भर में पीटते रहे हैं और अब भी संसार को इससे चमत्कृत करने की आशा रखते हैं।

ब्रिटिश साम्राज्य की सरकार से भारत का शासन हस्तान्तरित होना या कांग्रेस को स्वराज्य मिलना और पाकिस्तान को जन्म देना और पाकिस्तान में मुस्लिम लीग के शासन की स्थापना एक ही घटना के परिणाम हैं। कांग्रेस इस घटना को अपनी विजय और अहिंसात्मक क्रान्ति कहती है। मुस्लिम लीग इसे इस्लाम की विजय और कांग्रेसी हिन्दू शोषकों की पराजय कहती है। 1947 में कांग्रेस के हाथ भारत का शासन आ जाने को चाहे कांग्रेस की अहिंसात्मक क्रान्ति की विजय कहा जाय या ब्रिटिश शासन का भारत को अपने शासन में बाँधे रखने में सक्षम होकर अपनी स्थिति सँभालने के लिए उनकी नीति में परिवर्तन कहा जाय। इस घटना का परिणाम भारत में कांग्रेस का शासन कायम होना या रामराज्य की स्थापना माना ही जायेगा।

रामराज्य की स्थापना के पश्चात् कांग्रेस ने अपनी उन सब घोषणाओं को भुला दिया जिन्हें वह जनता का समर्थन और सहायता पाने के लिए किया करती थी। साम्राज्यवादी नीति के विरोध की बात भुलाकर उसने ब्रिटिश कामनवेल्थ में ही रहना स्वीकार कर लिया। पैदावार के मुख्य साधनों और उद्योग-धन्धों के राष्ट्रीयकरण की प्रतिज्ञाओं को भुलाकर उसने देश की मालिक श्रेणी को खुली लूट का अवसर दे दिया। इस देश की पूँजीपति श्रेणी के सामने, अपने भविष्य की महत्त्वाकांक्षाओं के विचार से इस राष्ट्र को आर्थिक रूप से विकसित करने और अपने पाँव पर खड़े करने का भी लक्ष्य था। इस लक्ष्य को पूरा करने के लिए परम्परागत चले आये पूँजीवादी तरीके अर्थात् निजी स्वामित्व में उद्योग-धन्धों को अधिक-से-अधिक मुनाफे कमाकर, अन्य उद्योग-धन्धों के

विस्तार और विकास का मार्ग अपनाया गया और इस काम को पूरा करने के लिए पूँजीवादी राष्ट्रों—ब्रिटेन और अमरीका की ही सहायता का भरोसा भी किया गया।

1955 तक कांग्रेसी शासन की नीति का परिणाम यह हुआ कि इस देश के पूँजीपतियों के मुनाफे तो 318 करोड़ से 511 करोड़ पर पहुँच गये परन्तु देश के सर्वसाधारण और किसान-मजदूरों को इस समृद्धि का क्या भाग मिला? मजदूरों और नौकरी-पेशा लोगों की आमदनी में इस समय में 232 करोड़ से 250 करोड़ की ही वृद्धि हुई। इससे पूर्व मालिक श्रेणी राष्ट्रीय आय का 57 प्रतिशत पा रही थी। नयी पायी स्वतन्त्रता में उन्होंने राष्ट्रीय आय का 67 प्रतिशत पाया। श्रमिक वर्ग जो पहले राष्ट्रीय आय का 42 प्रतिशत पा रहे थे, इस समय उन्हें 33 प्रतिशत ही मिल सका। यह था गाँधीवाद के अनुसार दोनों का पालन और प्रजातन्त्र का दम्भ करनेवाले रामराज्य का पहला प्रभाव। रामराज्य की स्थापना से जनता पर तो नित्य नये करों का बोझ बढ़ता गया परन्तु मालिक श्रेणी के मुनाफे पर लगाये जानेवाले करों का अनुपात घटता गया। रामराजी सरकार को आशा थी कि यथेष्ट धन बटोर लेने पर मालिक श्रेणी राष्ट्र के औद्योगिक विकास द्वारा बेकारी दूर करने और जनता के जीवन का स्तर सुधारने में सहायक होगी, रामराज के जादू से सेवक श्रेणी भी सन्तुष्ट रहेगी और मालिक श्रेणी का प्रभाव भी अक्षुण्ण रहेगा।

रामराज्य के पहले चरण में सर्वसाधारण के जीवन का स्तर ऊँचा उठने की अपेक्षा गिरता गया। वेतन और मजदूरी बढ़ाने का उपाय नहीं था परन्तु पदार्थों के मूल्य, मुनाफा बढ़ाने की छूट के कारण बढ़ते जा रहे थे। यहाँ तक कि शिक्षा का मूल्य भी रामराजी सरकार ने इतना बढ़ा दिया कि वह सर्वसाधारण के लिए अप्राप्य हो गयी है। ऐसी अवस्था में किसानों, मजदूरों और विद्यार्थियों में असन्तोष फूटना स्वाभाविक ही था। देश का शायद ही कोई भाग और नगर ऐसा बचा होगा जहाँ इस असन्तोष के कारण प्रदर्शन नहीं हुए और जहाँ सरकार की ओर से लाठी और गोली का उपयोग निरंकुश रूप में नहीं किया गया। गाँधीवादी रामराजी सरकार प्रेम से शत्रु के हृदय-परिवर्तन की नीति को भूल गयी। अहिंसा की पुजारी सरकार के पास इस असन्तोष का उपाय था घोर दमन। साधारण और सशस्त्र पुलिस की संख्या खूब बढ़ायी गयी। अहिंसात्मक क्रान्ति का दावा करनेवाली रामराजी सरकार ने नागरिक स्वतन्त्रता का दमन करनेवाले ऐसे कानून बना लिये जिनके आगे अंग्रेज सरकार का रौलेट कानून भी निस्तेज हो गया। यह है रामराज की शान्ति का भीतरी रूप।

जैसे रामराजी सरकार ने औद्योगिकीकरण द्वारा बेकारी दूर कर राष्ट्रों को आत्मनिर्भर बनाने के लिए देश की मालिक श्रेणी का भरोसा किया अथवा उन्हें ही सबल बनाने की नीति अपनायी वैसे ही देश के किसानों की अवस्था सुधारने के लिए उन्होंने जमींदारी उन्मूलन का जो नाटक किया उसका परिणाम भूमिहीन किसानों को भूमि मिलना या सामूहिक कृषि क्षेत्रों की स्थापना न होकर ऐसे भूमिधर या भूमिपति किसानों की श्रेणी बन जाना हुआ जो भविष्य में उत्पादन के साधनों का व्यक्तिगत स्वामित्व

की प्रणाली के समर्थक रहें। परम्परागत जमींदारों को भी निजी कृषि के लिए खूब अधिक भूमि दी गयी और गरीब जनता द्वारा करों के रूप में उगाहा जानेवाला धन उन्हें बहुत बड़ी मात्रा में मुआवजे के रूप में दिया गया। यह जमींदार भूमिहीन किसानों से खेती करानेवाले समस्त स्वामी की अवस्था से बदलकर यन्त्रों से खेती करनेवाले पूँजीवादी भू-स्वामी बन गये। जमींदारी प्रथा उन्मूलन का प्रभाव किसानों की बेकारी या भूमिहीन किसानों की संख्या घटाना नहीं बल्कि उनकी संख्या बढ़ाना ही हुआ। जमींदारी प्रथा के उन्मूलन की सम्भावना देखते ही जमींदारों ने किसानों को बेदखल कर अधिक-से-अधिक भूमि को निजी जोत की भूमि में मिला लिया। भूमिहीन किसानों को भूमि देने का उपाय सरकार ने आविष्कार किया है। वह है सरकारी सन्त विनोबा भावे का जमींदारों से अनुपयोगी भूमि का दान एकत्र कर भूमिहीन किसानों को धरती बाँटना। इस उपाय से कितने भूमिहीन किसानों की समस्या सुलझी है, इसका लेखा-जोखा इतने वर्षों तक भी सरकार ने प्रकाशित नहीं किया।

पूँजीपति श्रेणी द्वारा नियन्त्रित कांग्रेस के नेता देश में पूँजीपति श्रेणी के स्वत्वों और स्वार्थों की रक्षा तो चाहते ही हैं परन्तु वे देश का आर्थिक विकास कर अधिक मुनाफे कमा सकने के लिए जनता की क्रय शक्ति को बढ़ाना और देश को आत्मनिर्भर भी बनाना आवश्यक समझते हैं। वे यह भी समझते हैं कि पूँजीवाद की रक्षा यदि करनी है तो सर्वसाधारण के जीवन की अवस्था भी कम-से-कम सहने योग्य तो हो। इसके अतिरिक्त वे विदेशी शासन से प्राप्त हुई स्वतन्त्रता को निकल जाने देना नहीं चाहते। कांग्रेस के नेताओं को कुछ ही वर्षों के अनुभव से यह समझ में आ गया कि देश के पूँजीपतियों को दी गयी मुनाफा कमाने की छूट उनकी तिजोरियों को तो भर रही है परन्तु देश उससे आत्मनिर्भर नहीं बन रहा। पूँजीपति प्रवृत्ति देश में मौलिक उत्पादन की शक्ति बढ़ाने में अपनी पूँजी लगाने की अपेक्षा चालू बाजार से मुनाफा कमाने की ओर ही है। उदाहरणतः पूँजीपति देश की उत्पादक शक्ति को बढ़ाने के लिए विद्युत् शक्ति उत्पन्न करने में, अथवा कपड़ा बनाने की मशीनों को बनाने के लिए अथवा अन्य मशीनों को बनानेवाली मशीनों को बनाने में अपनी पूँजी नहीं लगाना चाहते। मूल उत्पादक शक्ति को देश में बढ़ाने के लिए व्यक्तिगत प्रयत्न न पर्याप्त है न विश्वास योग्य। उसके लिए राष्ट्र को ही प्रयत्न करना पड़ेगा। इसके अतिरिक्त कांग्रेस नेताओं को यह भी स्वीकार करना पड़ा कि अपने मुनाफे का, साम्राज्य प्रसार का लक्ष्य माननेवाले ब्रिटेन और अमरीका के पूँजीपति, भारत का आर्थिक रूप से आत्मनिर्भर हो जाना अपने स्वार्थ के अनुकूल नहीं समझते। वे भारत को उसी प्रकार की और उसी सीमा तक सहायता देने के लिए तैयार हैं जिससे भारत उनके व्यवसायों के लिए लाभदायक बाजार बन सके। इसके अतिरिक्त ब्रिटेन और अमरीका जो भी आर्थिक और औद्योगिक जानकारी की सहायता देने के लिए तैयार है उसके मूल्य में यह लोग

भारत को राजनैतिक रूप से परबस बनाकर अपने सामरिक गुट का अंग बनाये बिना नही छोड़ेंगे।

तनिक भी राजनैतिक सूझ-बूझ रखनेवाले लोग इस बात से इनकार नहीं कर सकते कि अमरीका और ब्रिटेन की इस सामरिक गुटबाजी का प्रयोजन उपनिवेशों पर अपना अधिकार जमाये रखना और दूसरे देशों को अपनी इच्छा का दास बनाना ही है। सामरिक गुट बनने का प्रयोजन है युद्ध की ललकार से दूसरों का दमन करना और इन गुटों के पर्याप्त रूप से सबल समझ लेने पर किसी भी समय युद्ध के ध्वंस का आरम्भ।

भारतीय सरकार यह खूब समझती है कि किसी भी विश्वव्यापी युद्ध का परिणाम न केवल इस देश के आर्थिक निर्माण में बड़ी भारी बाधा ही होगा बल्कि यह भी घसीटकर ध्वंस में आहुति बनेगा। इसलिए भारतीय सरकार ने, ब्रिटिश कामनवेल्थ का भाग होकर भी पाकिस्तान की भाँति ब्रिटेन और अमरीका के समाजवाद विरोधी सामरिक गुट का अंग बनने से इनकार कर दिया और सदा शान्ति की रक्षा की और युद्ध-विरोधी अन्तरराष्ट्रीय नीति अपनायी। विश्व शान्ति रक्षा के प्रयत्न में भारतीय सरकार ने अमरीका और ब्रिटेन को सन्तुष्ट करके लाभ पाने की भी चिन्ता नहीं की। इस देश में ऐसा पूँजीपति वर्ग भी है जो अमरीका और ब्रिटेन से लाभ उठाने के लिए उनकी किसी भी शर्त को स्वीकार कर लेने के लिए लालायित है परन्तु भारतीय सरकार अपना आत्मनिर्णय का अधिकार किसी भी मूल्य पर बेचने के लिए तैयार नहीं हुई है।

इसी समय अन्तरराष्ट्रीय स्थिति का एक पहलू भी सामने आया। यह है समाजवादी आर्थिक प्रणाली की अनेक देशों में विस्मयजनक सफलता। सोवियत, चीन और पूर्वी यूरोप के जनतन्त्र न केवल आर्थिक रूप में आत्मनिर्भर हो गये, बल्कि अन्य अविकसित देशों को औद्योगिकीकरण के लिए माल अथवा जानकारी की सहायता देने के लिए भी तैयार हो गये। इन समाजवादी देशों ने अविकसित देशों की सहायता के मूल्य में न तो उन देशों से मुनाफा कमाने का अधिकार माँगा और न अपने गुट में सम्मिलित होने की राजनैतिक परवशता की शर्तें ही रखीं। निश्चय ही भारतीय सरकार को समाजवादी देशों का यह सौदा राष्ट्रहित और अपनी शान्ति समर्थन की अन्तरराष्ट्रीय नीति के अनुकूल जान पड़ा।

रामराज्य के उद्‌देश्य—मालिक श्रेणी के स्वत्व और स्वार्थ की रक्षा में विश्वास रखते हुए भी, कांग्रेसी सरकार के कर्णधारों को यह मानना पड़ा कि अन्तरराष्ट्रीय पूँजीवाद को उनकी आत्मनिर्भरता और सबल तथा समर्थ होना मंजूर नहीं और न अन्तरराष्ट्रीय पूँजीवाद भारत अथवा उस जैसे दूसरे देशों के राजनैतिक आत्मनिर्णय के अधिकार को अबाध रूप में स्वीकार करना चाहता है। इसके अतिरिक्त उन्हें यह भी स्वीकार करना पड़ा कि इस देश की जनता की आर्थिक समस्या को अकेले पूँजीवादी विकास के मार्ग से नहीं सुलझाया जा सकता। इस देश के गिरे हुए जीवन-स्तर और बेकारी को

व्यक्तिगत मुनाफे की राह चलनेवाले पूँजीवादी व्यवसाय, जिनका स्वार्थ किसी हद तक बेकारी बनी रहने में ही है, दूर नहीं कर सकते। यहाँ तक कि इस देश के पूँजीवादियों के लिए अच्छा मुनाफा कमा सकने के लिए इस देश की जनता की क्रय शक्ति को बढ़ा सकने का काम भी अपने तत्काल स्वार्थ में फँसी पूँजीपति श्रेणी नहीं कर सकती।

इन परिस्थितियों में रामराजी सरकार के कर्णधारों को अपनी राष्ट्रीय नीति में परिवर्तन करना ही पड़ा। पहली पंचवर्षीय योजना में भी राष्ट्रीय उद्योग विकास की योजनाएँ थीं परन्तु वे अधिकांश में केवल दिखावा मात्र थीं। राष्ट्रीय उद्योगों को चालू करने का ढंग ऐसा था कि उससे पूँजीपति श्रेणी के व्यवसायों और उद्योगों पर आँच आने की सम्भावना न रहे। परन्तु आठ वर्ष की विफलताओं ने उन्हें राष्ट्रीय क्षेत्र में गम्भीरता से कदम बढ़ाने के लिए विवश कर दिया है। वे इस तथ्य को आँखों से ओझल नहीं कर सकते कि इस देश की पूँजीपति श्रेणी की स्थिति भी इस राष्ट्र की स्थिति और सामर्थ्य पर ही निर्भर करती है और इस राष्ट्र के विकास और सफलता का मार्ग समाजवादी प्रणाली द्वारा उत्पादन के राष्ट्रीयकरण का ही मार्ग है। गाँधीवादी कांग्रेस ने भी समाजवादी मार्ग को अपना लक्ष्य घोषित करना आवश्यक समझा परन्तु कांग्रेस के नायकों के लिए अपनी श्रेणी के स्वार्थों का पूर्णतः बलिदान कर देना भी कठिन है। वे ऐसा समन्वय ढूँढ़ने की चिन्ता में हैं जो पूँजीपति श्रेणी के रामराजी सत्त्वों की रक्षा करता हुआ, राष्ट्र की आर्थिक स्थिति को सुधार सके। समाजवादी प्रणाली से होनेवाले लाभ भी उठाये जा सकें और मालिक श्रेणी के शोषण के अधिकारों की 'हिंसा' भी न हो।

कांग्रेस अहिंसात्मक क्रान्ति का व्यर्थ ढिंढोरा पीटती आयी है। ब्रिटिश द्वारा कायम की हुई व्यवस्था को ज्यों-त्यों निबाहते रहना कोई क्रान्ति नहीं थी। इस व्यवस्था में मालिक श्रेणी के अधिकारों पर आँच नहीं आयी परन्तु श्रमिकवर्ग की और नागरिक स्वतन्त्रता की हिंसा होती ही रही। कांग्रेस की नीति में क्रान्ति का आभास यदि कहीं दिखायी दे सकता है तो वह परिस्थितियों को पहचानकर अथवा परिस्थितियों से विवश होकर समाजवादी आर्थिक प्रणाली के लक्ष्य को स्वीकार करने में ही है, जो जनसाधारण श्रमिक उत्पादकों के लिए अहिंसा के अधिकार को स्वीकार करता है। कांग्रेस इस लक्ष्य को स्वीकार करने में भी इसकी प्राप्ति का भार उन लोगों के कन्धों पर रख रही है जो न तो समाजवादी आर्थिक प्रणाली के विज्ञान से परिचित हैं न इसमें विश्वास रखते हैं। उनके विचार में रामराज और सामन्तवाद का यही समन्वय सम्भव है। देश के उन दलों और लोगों को जो कि कांग्रेस द्वारा समाजवादी प्रणाली का लक्ष्य स्वीकार करने से पहले ही समाजवादी प्रणाली में विश्वास प्रकट करते आये हैं, राष्ट्रीय उद्योगों की सफलता में सहयोग देने से सावधानीपूर्वक दूर रखा जाता है।

पण्डित नेहरू अन्तरराष्ट्रीय क्षेत्र में समाजवादी देशों की शान्तिप्रिय नीति का समर्थन करने के लिए विवश होकर, अन्तरराष्ट्रीय पूँजीवाद की सामरिक गुट की नीति का विरोध करने के लिए विवश होकर और देश में पूँजीवादी प्रणाली द्वारा राष्ट्र के साधनों के विकास की असफलता देखकर, समाजवादी प्रणाली के लक्ष्य की घोषणा तो करते हैं परन्तु अपनी सम्पूर्ण शाक्ति से इस देश में समाजवादी प्रणाली की स्थापना के लिए प्रयत्न करनेवालों का विरोध भी करने से नहीं चूकते। सम्भवतः वे समाजवादी प्रणाली को स्वीकार करना ही चाहते हैं परन्तु उस प्रणाली का नेतृत्व भी अपनी पूँजीपति श्रेणी के हाथों में ही सुरक्षित रखने का भी स्वप्न देखते हैं इसलिए वे अपने समाजवाद को मार्क्सवाद के बिना ही चलाना चाहते हैं। ऐसा न करने से शायद रामराज्य, रामराज्य न रहकर दलित शम्बूक प्रजा का भी राज्य बन जायेगा।

●●●